AF396995

Dr Gustave KŒNIG

UN

NOUVEL IMPOT

SUR

LE REVENU

MÉMOIRE QUI A INSPIRÉ LE PROJET DU GOUVERNEMENT

RELATIF A LA RÉFORME
DE LA CONTRIBUTION PERSONNELLE MOBILIÈRE

Déposé sur le bureau de la Chambre

PAR

M. DAUPHIN, Ministre des Finances

Le 26 février 1887

PARIS

<table>
<tr><td>BRAIRIE GUILLAUMIN ET Cie
14, rue de Richelieu</td><td>F. VIEWEG, LIBRAIRE-ÉDITEUR
57, rue de Richelieu</td></tr>
</table>

1887

UN

NOUVEL IMPOT

SUR LE REVENU

PRÉFACE.

Le 12 juin 1885, j'ai eu l'honneur d'être reçu en audience privée par M. le ministre des Finances, assisté de M. Hérault, ancien sous-secrétaire d'État au département des finances. Dans cette audience, j'ai développé les lignes principales de mon système d'impôt. Avant de prendre congé de M. le ministre, celui-ci m'a demandé un mémoire sur la question exposée.

En janvier 1886, jai pu transmettre le manuscrit à M. le ministre des Finances.

En février, en mars et en avril il était étudié à la direction générale des contributions directes, et j'ai eu à son sujet à la dite admi nistration de nombreuses et longues séances à la suite desquelles j'en ai remis à M. le directeur général un tableau synoptique.

Le projet de loi sur le recensement des propriétés bâties et l'évaluation de leur valeur locative (n° 752, séance du 29 mai 1886) fait plusieurs fois allusion à ces études.

En juillet 1886, un député républicain a pris grand intérêt à mon projet. Il s'est entretenu à ce propos avec M. Ballue qu'il a bien voulu intéresser dans ce sens, qu'il reprend dans sa proposition. Les vacances de la Chambre des députés sont intervenues. Mais j'ai eu grand plaisir à voir combien avait grandi l'intérêt de la taxe d'habitation et combien de documents on trouve dans son rapport qui intéressent autant mon travail que le sien.

Vers la fin d'octobre 1886, M. de Freycinet, président au Conseil des ministres, a pris connaissance de mon travail qu'il a fait étudier de nouveau. Bientôt, la présidence du Conseil étant venu à changer de titulaire, M. Dauphin est entré au ministère des Finances.

C'est deux mois avant son discours spécial au Sénat sur le projet Dauphin, et pendant la crise ministérielle, que M. le sénateur Léon Say a lu mon travail.

Beaucoup d'autres personnages en ont encore eu connaissance, et je ne crains pas de me voir démenti en disant que l'honorable M. Clémenceau, lors de l'élection de la dernière commission du budget, a fait allusion à mon projet qui se trouvait entre les mains du gouvernement.

Le 20 décembre 1886 j'ai informé M. Dauphin, ministre des Finances, que j'étais l'auteur d'un travail intitulé « Un Impôt sur le revenu en France ».

Le 28 décembre, sur la demande écrite de

M. le ministre des Finances, je lui ai remis, mon mémoire que j'ai pris au ministère des Affaires étrangères, où l'avait laissé M. de Freycinet.

Enfin, le 7 février 1887, M. Dauphin a bien voulu me dire qu'il s'était inspiré de mon travail pour élaborer dans son sens un projet de loi.

Le reste est trop connu du public pour que je doive le rappeler ici.

Puis-je appeler nouveau mon impôt ?

Si la routine et la prévention font semblant de ne pas croire à la nouveauté de ce système, l'exposé suivant démontrera que l'on peut avoir à son sujet une opinion différente.

Tous les impôts personnels sur le revenu ont pour but d'atteindre le véritable revenu, les facultés réelles. Or, mes études m'ont conduit à reconnaître que ce principe si beau en théorie est irréalisable dans la pratique : malgré tous les moyens inquisitoriaux, on ne peut pas arriver à atteindre le vrai revenu.

C'est ainsi que les impôts personnels réels sont et restent toujours dans les nuages. Voilà la personne, disent les partisans de ces impôts : imposez-la — dans sa faculté.

Il n'est pas nécessaire de rapporter ici l'exemple si connu cité par M. Gladstone ; je vais en citer un autre que j'ai trouvé dans la littérature anglaise : Un contribuable de l'income-tax est à imposer. On lui demande sa déclaration : pas de réponse. La commission le taxe d'office. On décide de l'imposer pour 1000 l. st. L'année suivante, le contribuable ne fournit pas davantage sa déclaration. La commission l'impose pour 2000 l. s. La troisième année, même attitude de la part du contribuable, et la Commission dou-

ble encore son impôt. Il est vrai que l'on n'a
pas pu continuer sur ce pied pendant trop
d'années ; mais le point capital qui ressort
de ce fait, c'est que l'on reconnut plus tard
que la commission aurait dû, de prime-abord,
l'imposer pour 12000 l. s. Après cela, il n'est
pas trop surprenant que l'honorable George
Perin affirme que l'on est satisfait de l'income-tax en Angleterre.

Eh bien! pour que l'État sache s'il faut com-
mencer par imposer pour 1000 ou par 12000
francs ou pour 12000 l. s., il est de beaucoup
préférable d'abandonner le système de l'impôt sur le revenu réel, lequel consiste à atteindre les vrais facultés, et de se contenter
d'atteindre approximativement ces mêmes
facultés. Du moment que l'on abandonne
cette idée irréalisable, il n'est plus nécessaire de se préoccuper des multiples côtés
de la faculté du contribuable, et l'on peut

éviter de recourir à tous ces moyens qui pourraient être qualifiés d'inquisitoriaux.

Or, c'est bien là l'esprit de la législation fiscale française, car entre les cinquante-quatre lois fiscales d'Europe et d'Amérique, que j'ai eu l'occasion d'étudier, la France m'a paru être le seul État qui ait négligé ces points, et l'on ne doit plus s'étonner, après cette constatation, que j'aie fait mon essai d'impôt pour la France avant tout.

Comme pour la répartition des impôts il importe peu à quelle mesure on a recours, pourvu que cette mesure soit partout et toujours identique, on peut recourir tout aussi bien aux facultés moyennes qu'aux facultés réelles, et l'on arrive à un but tout aussi équitable, sinon plus. En procédant ainsi, on peut se dispenser d'employer une infinité de moyens vexatoires, et s'en tenir à des signes extérieurs d'une certaine durée, d'une certaine fixité, et d'un certain caractère, qui se manifesteront spontanément. En France, de l'étude de l'histoire aussi bien que de celle des impôts directs existants, naîtra la connaissance de ce signe principal : le loyer personnel.

Ce qui fait la supériorité de ce système, c'est précisément la promptitude et la facilité de ses constatations et de son application.

Il importe vraiment peu pour l'application d'un impôt, qu'il soit nouveau ou ancien, mais beaucoup de savoir s'il est applicable, ou s'il ne l'est pas, s'il atteint ou non son but. Si je revendique la propriété de cette découverte, ce n'est pas par un vil amour-propre, mais c'est au nom de la science.

Lorsque j'ai eu l'honneur, le 12 juin 1885, d'exposer la substance de mon système, je ne connaissais pas encore la loi de 1791. Je n'avais étudié les lois françaises sur la contribution mobilière que par le « Code des contributions personnelle et mobilière », Paul Dupont, 1879, où cette loi n'est malheureusement pas imprimée. C'est plus tard seulement, en étudiant les ouvrages français spéciaux, que j'ai connu l'existence même de cette loi, et la caisse de l'Imprimerie Nationale pourrait, au besoin, établir à quel moment j'ai pu en avoir connaissance. Ce n'est que tout à fait en dernier lieu que j'ai inséré dans mon mémoire la partie historique qui commence maintenant mon ouvrage, et dont les données sont venues pleinement confirmer toutes mes conjectures personnelles.

J'affirme que mon système, fruit de longues et patientes études poursuivies pas à pas, est né sans que j'eusse alors la moindre connaissance de la loi de 1791, et des autres publications citées par « *Le Soir* » du 26 février 1887. Aussi, tout lecteur intelligent, qui suivra attentivement mon travail, acquerra la certitude que ce n'est pas une imitation, mais que le fond de mon système est une pensée unique, un véritable édifice dont toutes les pièces ont un enchaînement évident.

Certes, à un point de vue général, il n'y a rien de nouveau sous le soleil : *nil novum sub sole* ; mais un mot, une allusion, un aperçu, une routine sont sans importance pour la science, et ne constituent pas une invention.

La science reconnaît la propriété d'une découverte à ceux-là seuls qui la mettent en relief, c'est-à-dire qui font de véritables recherches, qui analysent son caractère, en la comparant aux choses de même nature, en examinant et en balançant les arguments pour et contre, en en tirant toutes les conséquences, et en arrivant par tous ces moyens à une véritable création qui en fait leur chose. En un mot, ils l'ont portée à la connaissance de tous. Voilà ce que c'est qu'une découverte, dans le sens scientifique du mot.

Dans le mémoire qui est entre les mains de M. Dauphin, et que je donne ici sans autre changement que la disposition de ses diverses parties, en n'y ajoutant que le tableau de la contribution mobilière à Paris pour 1886, laquelle monte au chiffre de 290.823.000 francs de loyer réel de locaux d'habitation imposés, j'ai cru pouvoir m'expliquer ainsi sur la tâche que j'ai entreprise :

En abordant ce travail, je ne me suis pas imposé la tâche d'apprécier le régime fiscal établi dans ce pays.

Je me suis abstenu d'examiner s'il y aurait lieu de frapper certaines personnes ou certaines choses, comme, par exemple, la

catégorie des citoyens exerçant des professions libérales, ou les créances sur l'État.
Il serait, en fait, désormais superflu d'assi-
gner un tel but à des études de ce genre,
attendu que les différents problèmes jadis
soulevés à ce sujet sont maintenant résolus
en théorie, et que leur solution, dans plus
d'un cas, est appliquée dans quelques nations. Il s'agit donc ici beaucoup moins d'une
question de principe, que d'une question
d'opportunité. Mais, lorsque par le concours des circonstances, un étranger, un
Autrichien n'ayant d'autre titre que sa sym-
pathie pour la France, est appelé à se prononcer sur une question de fait, il ne lui
suffit pas de pouvoir dire : « Je ne suis pas
Français, mais je suis très affectionné à vo-
tre patrie. » En effet, pour toucher une semblable matière, il vaudrait mieux qu'il fût,
par la naissance, en situation de s'exprimer

là-dessus, comme l'a fait Vauban, dans la préface de son ouvrage sur la Dîme Royale.

Le but de ce mémoire est donc d'exposer les moyens propres à faciliter, à hâter l'amélioration de l'assiette des impôts directs existants, et, par ce résultat, d'en assurer un meilleur rendement, tout en respectant davantage les lois de l'équité.

Au reste, loin de moi l'idée de proposer des moyens révolutionnaires, pour réaliser le projet dont il s'agit. Mon intention, au contraire, est de préconiser exclusivement l'emploi de procédés pacifiques, quoique rationnels, et de prouver aux partisans des mesures violentes, comme à ceux du *statu quo*, qu'il existe un terrain où tous les amis sincères du progrès et de la justice peuvent s'entendre et se donner la main.

Si, malgré ma nationalité étrangère, j'espère parvenir à démontrer, non-seulement l'utilité, mais encore la possibilité de mon entreprise, c'est que de longues années déjà consacrées à l'étude de ces questions, ainsi que l'expérience acquise, m'autorisent à parler sur ce sujet en connaissance de cause.

Ce que je viens de dire doit exclure toute équivoque sur le but que j'ai poursuivi. Dès l'origine, la question n'était pas pour moi de savoir si l'on doit réformer les impôts directs ou impôts indirects, si l'on doit introduire ou non un impôt sur le revenu, etc., mais exclusivement la question de savoir, si l'on voulait introduire un jour en France l'impôt sur le revenu, quelle forme d'application conviendrait le mieux : l'impôt anglais ou l'impôt prussien, comme M. Paul Leroy-Beaulieu a nommé l'impôt général sur le revenu qui se trouve en Allemagne et en Suisse, ou bien une autre forme d'application.

Il me semble que c'est ici une question purement scientifique, car, pour résoudre cette question, il faut avoir étudié l'histoire des impôts, en connaître la théorie, avoir la connaissance la plus détaillée de toutes les législations, etc., etc.

Or, la science, de sa nature, n'est pas nationale : elle est internationale, et c'est pour ce motif que j'ai cru, encore une fois, combattre pour la vérité et pour la justice, même sur une terre étrangère, d'autant plus que je le fais avec le plus grand désintéressement.

Il est vrai que mon entreprise venait à propos : la question de l'impôt sur le revenu, depuis 40 ans sur le tapis en France, a enfin reçu une consécration finale, non seulement parce que la commission du budget de 1887 s'est prononcée en sa faveur, mais encore parce que la Chambre des députés même a décidé à une majorité de 34 voix (261 contre 227) qu'il serait donné suite à la question de l'impôt sur le revenu.

Dès esprits éclairés ont fourni à la Chambre des travaux qui n'ont pas pu être sans influence sur l'opinion publique. Les rapports de l'infatigable M. Ballue sur « la réforme de l'assiette de l'impôt » de 1884 et 1886, le rapport de M. Yves Guyot sur « l'impôt sur le revenu, » un chef d'œuvre parlementaire, le rapport de M. Wilson sur «le budget de 1887, » la proposition de loi de M. Dreyfus et de 37 de ses collègues, relatif à «la répartition du contingent personnel et mobilier » de Paris, tous ces travaux, dis-je, aussi bien que l'ouvrage de M. Léon Say, « les impôts démocratiques, » et beaucoup d'autres, ont éclairé l'opinion publique, et ont produit cette heureuse influence sur la majorité de la représentation nationale, laquelle verra grossir de jour en jour cette majorité en faveur du point qui nous occupe, ainsi que l'expriment si bien les premières lignes de l'exposé des motifs du projet de loi de M. Dauphin, dans lesquelles il dit que c'est « pour obéir aux vœux du pays comme aux engagements pris devant la Chambre, que le gouvernement a recherché les moyens de mieux proportionner, qu'avec le système actuel, la répartition des charges entre les contribuables. »

Rarement, jamais peut-être, l'œuvre d'un théoricien n'a eu la bonne fortune d'être discutée et traduite en projet avant de paraître aux yeux du public. Tel est cependant le cas pour le travail que je livre aujourd'hui à la publicité, et il m'est déjà possible de répondre aux critiques dans ma préface, si longue malgré moi, puisque je dois m'expliquer sur des opinions que l'on a avancées.

Je dis des opinions, car je ne peux pas, dans une préface, répondre à toutes les opinions. Je n'ai pas même eu connaissance de tous les articles qui ont été écrits en faveur du projet Dauphin, celui de M. Jaurès, par exemple qu'a cité « Le Radical ». Je ne peux donc pas répondre à tous ceux qui ont parlé contre le dit projet, et je serais reconnaissant à tous ceux qui se sont occupés de la question, de vouloir bien me donner connaissance de leurs articles, en me faisant savoir où, et quand ils les ont publiés.

Les revues périodiques n'ont pas encore pu s'occuper de ce projet.

Un grand nombre de journaux financiers se sont prononcés, cela s'explique facilement, contre le projet. Tout le monde sait bien que ce n'est jamais la raison et la justice, mais toujours l'intérêt et l'égoïsme qui font pencher la balance de ces journaux. On

ne doit pas leur en vouloir : c'est bien là le
but avoué, et nullement à incriminer, de ces
sortes de publications. Aussi n'y ai-je rien
trouvé qui s'écartât des limites des généralités.

Les articles des journaux de la Province
manquent très souvent d'originalité ; je
suis pourtant loin de prétendre qu'il n'y en
ait qui ne puissent rivaliser avec l'un ou l'autre des journaux de la capitale. J'ai trouvé,
sur l'impôt en question, dans les journaux
de Rouen et d'Amiens, entre autres, des
articles qui n'ont pas l'aplomb parisien,
mais que j'ai lus avec autant d'intérêt, quoique les articles auxquels je fais ici allusion
fussent opposés au dit projet.

Reste l'importante presse parisienne.

Parmis les journaux de la capitale, je
crois que « L'Evènement », « Le Petit Journal », « La Justice », « L'Intransigeant »,

« La Paix », « Paris », « Le Voltaire »;
n'ont pas encore donné leur avis sur la
question. Mais, je répète encore une fois
qu'il est possible qu'ils aient formulé leur
opinion à mon insu. Je crois ne devoir plus
insister sur « Le Matin », « Le Rappel » et
« Le XIX⁰ Siècle ». — « La France », « La
Nation », « Le Temps », n'ont pas encore
donné, ce me semble, leur opinion définitive.

J'arrive enfin au grand nombre de journaux qui se sont prononcés sur le projet.

Je ne m'occuperai pas de ceux qui ont
cru que tous les loyers, c'est-à-dire le loyer
professionnel et le loyer personnel, servi-
raient de base au nouvel impôt. Il est impossible de déduire une telle conséquence
des définitions que j'ai données sur les impôts d'objets et les impôts personnels,
(v. p. 17 et suiv.) et aussi pour les raisons
qui distinguent les impôts locaux — les im-

pôts d'objets ont ce caractère local — des
impôts d'Etat (v. p. 97 et suiv.). Tout cela
pourrait bien rassurer ceux qui (« Le Siècle » du 8 mars, « L'Estafette » du 9) ont
cru voir un double emploi dans l'application de la valeur locative relative.

Le loyer absolu est une mesure unique
et invariable, et le loyer relatif est une pro
portion qui dépend de diverses circonstances. Toute pensée que le projet Dauphin
fait double emploi avec les impôts directs
existants est donc à écarter. Je crois l'avoir
démontré d'une manière péremptoire dans
la page 134 et suivantes.

Une des objections les plus intéressantes
qui aient été faites est celle de « L'Univers »
du 20 février. Le projet, a-t-il dit, implique
un revenu obligatoire. Il déduit son objection de comparaisons bien autres que celles
qui regardent notre question ; mais je m'ar-

rête à cette objection, parce que ceux qui jugent les choses d'après les apparences pourraient la croire fondée.

Le projet Dauphin ne suppose pas un revenu obligatoire, mais il vise le revenu moyen du contribuable ; c'est-à-dire qu'au lieu d'avoir souci, ce qui a lieu pour l'impôt personnel réel, de savoir si le contribuable jouit cette année d'un revenu de 50, et les autres années, d'un revenu de 45, 30, 60, 85 ou 60000 francs, il lui suffit d'atteindre les facultés, le revenu manifesté par la valeur locative de l'habitation. Mais tout cela est si explicitement dit dans le texte de mon ouvrage, que je crois superflu d'insister ici sur ce point.

J'arrive à une deuxième objection avancée, je crois, par « La Liberté ». Les propriétaires des bâtiments souffriront de l'application du projet Dauphin.

Avant tout, je veux constater que, bien que les lois fiscales aient donné une importance de plus en plus grande à la valeur locative, pendant tout un siècle, personne ne prétendra que la valeur de la propriété bâtie ait été amoindrie de ce chef.

A part cette allusion historique qui seule pourrait dissiper toutes les craintes qui pourraient surgir, il y a beaucoup d'autres raisons qui déplacent cette objection. Supposons qu'un assez grand nombre de contribuables songent à changer de logement pour prendre des loyers inférieurs, la conséquence sera que tous ces loyers inférieurs — et ici, il faut comprendre toute sorte d'appartements — la conséquence, dis-je, sera que « les loyers inférieurs » recherchés hausseront, et rétabliront promptement l'équilibre primitif.

Ainsi, je ne vois pas comment la propriété

bâtie aurait à souffrir de l'application du dit projet. Si quelques personnes seulement changent de logement, ce fait sera sans influence aussi bien sur la propriété bâtie que sur l'impôt. Et après tout, croit-on réellement que pour quelques francs d'impôt on se décide à changer d'appartement, une des choses les moins susceptibles de changement, eu égard aux raisons sociales, comme la plupart des adversaires en conviennent.

Quelques-uns ont cru se poser en adversaires de cette idée, qu'une proportion existe entre le loyer personnel et le revenu. « Le Radical » d'aujourd'hui et « L'Economiste Français » (12 mars) sont de ce nombre.

D'après ces deux critiques et autres, il faudrait croire que « vouloir juger du revenu des gens par le prix de leur appartement est aussi inepte que d'estimer ce même revenu par l'état de leur redingote ou la fraicheur de leur chapeau. » Vous cherchez sur quelles raisons ces critiques se basent. Vous avez beau chercher ; vous chercherez en vain.

Le projet Dauphin se base sur toutes les recherches de la science, et dit que le rapport du loyer personnel avec le revenu est différent pour celui qui a 250.000 francs de revenu et pour celui dont le revenu ne s'élève qu'au chiffre de 2,500 francs. En l'attaquant, on n'allègue pas de raisons sérieuses, mais bien des bons mots pour rire. Jamais on ne s'est permis des discussions aussi frivoles sur des vérités scientifiques d'une telle portée, au risque de léser les intérêts des moins aisés.

Il s'est même rencontré un professeur du Collège de France qui s'est exprimé ainsi sur la question : « Il n'y a aucune bonne raison pour donner la forme progressive à l'impôt sur les loyers. » Par quel nouvel argument a-t-il appuyé son assertion? Si l'on veut bien suivre toutes les raisons qu'il allègue en faveur de son opinion, il faudra en conclure que nous sommes majorisés par un monde qui dépense plus qu'il ne possède, un monde immoral par le seul fait.

C'est là première-fois, à mon avis, qu'un professeur plaide la cause de l'immoralité.

Aussi ne puis-je pas croire que quelqu'un qui dépense 20 ou 80,000 francs pour son confortable ne dépense pas cette somme par crainte d'avoir à payer à l'Etat un impôt. Et si vraiment les budgets domestiques de ceux qui exercent des professions libérales et d'autres se balancent, comme l'insinue M. Paul Leroy-Beaulieu, ce ne sera qu'une bonne et saine action de la part de l'Etat de frapper le mal dans sa racine. Déjà

M. Dauphin nous a dit (Sénat, 21 Février) :
« La volonté, les goûts et les instincts
sont les mêmes chez presque tous les hommes honnêtes, je ne parle pas des autres. »

Et comment pourrait-il en être autrement ? Chacun ne consulte-t-il pas son revenu avant de se décider à prendre un loyer ?
On a un revenu d'abord, et l'on prend après
un appartement proportionné à ce revenu.
Telle est la théorie du loyer personnel.

Voilà la grande différence entre la sup-
position de « L'Economiste Français » et du
« Radical », et la nôtre. « L'Economiste Français » et « Le Radical » supposent qu'on prend
d'abord l'appartement, et que ce n'est qu'ensuite que l'on se demande comment l'on fera
pour le payer. C'est l'histoire de la redingote. On va chez le tailleur ; on la lui com-
mande, et, le plus souvent, on la paie. Jusqu'au jour où les propriétaires feront comme

ce tailleur, jusqu'à ce jour nous n'échangerons pas notre théorie — pour cette théorie que j'appellerai «la théorie de la redingote».

Non, la société ne se sacrifiera pas pour les professions libérales; l'Etat ne protégera pas au détriment des autres une classe de personnes immorales, ainsi que je ne crois pas qu'il y ait plus de médecins que de malades à soigner, plus d'avocats que de causes à défendre, en un mot, que le « quartier latin » soit à la veille de résumer tellement l'état économique de la France, qu'il faille en tenir un si grand compte, qu'il puisse infirmer la portée générale du projet.

Je ne pouvais en croire à mes propres yeux, quand j'ai vu reproduire par M. Paul Leroy-Beaulieu cette citation d'Adam Smith où il combat l'impôt sur les fenêtres et recommande l'impôt sur les maisons par la valeur locative. Ce n'est pas 20 fois, mais plus de 100 fois que l'on a anéanti cette opinion, et il serait absurde d'en tirer des conséquences.

Dans son « Traité des Finances », M. Paul Leroy-Beaulieu lui-même n'a pas osé suivre Smith dans cette voie. Il nous parle de «beaucoup d'observateurs» qui sont de cette opinion; nous le prions de les faire connaître au public qui pourra faire son profit d'une opinion si précieuse.

Quant à moi, je ne veux plus tarder de citer les autorités qui sont favorables à la théorie sur laquelle est basée le projet Dauphin. L'honorable M. Ballue cite dans « L'Estafette » du 14 janvier 1887: Léon Faucher, de Parieu et, je ne me trompe pas, Paul Leroy-Beaulieu. Dans le même sens s'est prononcé dernièrement au Sénat M. Léon Say. Nommons aussi d'après «Le Soir» du 26 février 1887, le Docteur Broch, et parmi les économistes allemands : Engel, Schwabe, Nessmann, Laspeyres, Hasse, Pfeiffer, Michaelis et beaucoup d'autres.

Je crois que tous ceux qui se donneront peine de lire ce livre sauront que les objections qui précèdent n'ont nullement échappé à l'auteur du projet, et le raisonnement arrivera au résultat si bien exprimé par «La République Française » du 10 Mars. « Il n'est pas absolument exact dans divers cas, que le loyer de nos appartements soit en proportion avec les revenus ; mais ces cas sont, à tout prendre, des exceptions, même assez rares ; en moyenne, une certaine proportion existe bien réellement. » Aussi «Le Siècle » du 8 mars, tout opposé qu'il est au projet, se rappoche-t-il de cette même opinion.

Si mon travail n'a pas fait une très-large part aux exceptions, ce n'est pas par négligence, mais en prévision d'un correctif gé-

néral qui remédie à tous ces petits inconvé-
niénts : sans ce correctif général, les célibataires seraient traités sur un autre pied
que les autres locataires. Et il ne suffit pas
qu'en vue de ces catégories de contribuables, l'article 18 du projet propose d'imposer
les cercles, les sociétés, les associations, etc.

En effet, comme on l'a trop souvent demandé, on peut faire entrer dans le cadre
du projet des dispositions qui traiteront autrement les célibataires ; mais il n'est pas
nécessaire d'envisager tous les célibataires,
mais seulement ceux qui toucheront par
leur loyer personnel aux deux ou trois catégories inférieures des valeurs locatives.

Mais, je le répète encore une fois, il ne
faut pas diminuer l'impôt à cause du nombre de la famille. J'en ai donné la raison
dans le cours de l'ouvrage, et je ne crois pas
que le nouveau recensement puisse apporter

des révélations bien nouvelles au point de vue du nombre moyen des enfants dans les familles françaises.

Cet impôt n'offre-t-il pas de précieux avantages ?

La question de l'impôt sur le revenu en France est toujours à considérer au point de vue politique qui ne doit pas froisser les us et coutumes de la nation. Je ne suivrai pas cette idée ; mais j'aimerais à appeler l'attention du public sur le point principal de la question fiscale ; c'est-à-dire de comparer au point de vue de la possibilité que présente l'établissement de l'impôt sur le revenu en France, le système projeté avec tous les autres systêmes d'impôts de la même nature. Or toute la question est là. Si, en effet, on se place à ce point de vue, on doit reconnaître que mon système est seul d'accord avec les principes de la législlation fiscale de la France, et seul susceptible d'être appliqué.

Ainsi, sans nulle crainte politique et économique, sans perquisition, le projet Dauphin, qui n'a pas les inconvénients des impôts sur le revenu réel, frappera le revenu moyen des contribuables, c'est-à-dire un revenu bien prévu, n'arrêtant jamais le revenu en formation, et par le seul fait, n'atteignant jamais le travail et les personnes, comme paraît le redouter « L'Autorité » du 23 février ; au contraire, il augmentera l'épargne et favorisera le travail.

Aussi le projet Dauphin renferme-t-il au fond une idée qui l'assimile à cette classe d'impôts qui ont le prétendu avantage de passer pour volontaires.

La fraude sera à peu près nulle. D'abord, il est dans les mœurs de tous les peuples de ne pas dissimuler le prix du loyer, et vraiment, l'opinion publique regarde d'un autre œil la fraude concernant le loyer et celle concernant le revenu. Aussi la constatation du loyer est généralement facile, et l'Etat peut demander le prix du loyer aussi bien au locataire qu'au propriétaire, comme cela se pratique, par exemple en Autriche, si les moyens usités en France à cet effet, comme le bail par exemple, font défaut. Les amendes d'un côté, l'influence de la possibilité d'un procès, la comparaison avec d'autres loyers, l'habileté professionnelle des fonctionnaires, tout cela coupera court à toute tentative de fraude.

Ainsi, quiconque ne souscrira pas à cette forme de l'impôt sur le revenu rejettera par cela même cette réforme en général.

Supposant même qu'on le prît en mauvaise part, j'ose constater ici qu'après les investigations de trois de mes amis français,

dans une dizaine de cas, le résultat de l'opinion d'un public d'où naturellement étaient
exclues les professions libérales, ont abouti
à prouver que le public trouve très-juste l'im=
pôt proposé.

Mais comment s'expliquer qu'un si bon
impôt ait pu rencontrer dans les premiers
temps une certaine opposition ? Il y a à cela
des raisons multiples :

1° Les premiers détails sur le projet
étaient tellement vagues, que tous les journaux s'en firent une fausse idée. Or, on s'attache trop à ses premiers dires pour en re-
venir facilement.

2° « Le Soir » comme « Le Télégraphe »
ont dit très justement le 26 février que
l'opinion publique n'était pas assez préparée
à ce projet d'impôt « bien français », et,
qu'ainsi, la « tactique parlementaire » n'é-
tait pas assez prise en considération.

3° Il est aisé de remarquer que tous ceux que leurs attributions ont portés à se prononcer sont du nombre de ceux dont j'ai dit (p. 44 et suiv.) qu'ils tombent sous le coup de l'augmentation du loyer personnel ; et leurs amis, médecins, avocats, dentistes, etc. se croient visés. De là naît chez eux une certaine prévention.

4° Monsieur le Ministre des Finances a cru devoir planter son projet dans la terre moisie de la loi de 1791, au lieu de conserver résolument à la chose son caractère nouveau. J'espère pour lui que tous les discours et tous les articles sur la question se borneront à critiquer la loi de 1791, comme l'a fait le savant M. Léon Say, car la loi de 1791 n'a rien de commun avec le projet Dauphin, que ces critiques ne sauraient atteindre.

Mais deux mots ici à propos de cette loi : Elle est tombée, comme beaucoup d'autres excellentes institutions, parce qu'elle est venue trop tôt. Je ne crois pas qu'à cette époque le loyer personnel eût un rapport aussi intime que de nos jours avec le revenu. Rien ne démontre davantage que cette loi était prématurée, que son manque de prévision de la différence des communes entre elles.

Elle est tombée parce qu'elle a écrasé le monde que nous voulons protéger aujourd'hui : les salariés. Elle les écrasait en stipulant que l'on pourrait faire payer aux salariés en raison de leur traitement, pensions; etc., et aux autres, seulement d'après leur revenu présumé, et tout en appliquant le système de la répartition. On voit que nécessairement la charge la plus lourde devait peser sur les premiers.

Elle est tombée aussi parce qu'elle était trop compliquée pour son époque.

Et si jamais on fait des recherches exactes sur le fonctionnement de cet impôt, je ne serai pas surpris de voir réhabilitée la réputation des jurys d'équité, si odieux de nos jours. Rien de plus naturel que de s'imaginer la nécessité de ces jurys d'équité, pour contrebalancer les iniquités qui devaient forcément résulter de l'application stricte de la loi générale.

C'est surtout, on le verra bien, les points qui donnent une certaine flexibilité à mon impôt (p. 71 et suiv.) que monsieur le Ministre des Finances a supprimés. J'aimerai beaucoup à appeler sur ce point l'attention des hommes politiques qui croient qu'un impôt personnel réel est possible en France. Il est incontestable que Monsieur Dauphin a fait preuve dans son projet d'une volonté prompte et ferme, d'intentions dignes d'éloges, d'un grand courage et d'une grande perspicacité dans sa décision sur l'impôt sur lé revenu en France. J'affirme en outre qu'il n'y a pas de plus habile fonctionnaire que M. Boutin, directeur-général des Contributions Directes. Si des hommes pareils, inspirés par l'amour d'un progrès réel dans la répartition des charges, n'ont pas osé se décider à insérer dans le dit projet d'autres articles que l'article 17 qui y figure, il faudra croire que les partisans de l'impôt personnel réel réfléchiront encore une fois.

Mais je ne conçois pas du tout pourquoi l'on n'a pas pu se décider à la centralisation des valeurs locatives des habitations (p. 83 et suiv). Il n'y a pas plus d'inquisition contre le contribuable ; il n'y a pas non plus de difficulté pour l'administration. Mais il y a beaucoup d'objections à faire au sujet du procédé de l'article 15. Dire que l'on additionnera les différents loyers d'un contribuable dans une même commune est plus délicat qu'important. Ainsi M. Paul Leroy-Beaulieu a pu facilement dire que la même personne aura deux, quatre ou six sortes de facultés.

Je crois que ce serait peu rationnel de ne pas prendre l'ensemble des loyers personnels pour présumer le revenu, et ce n'est pas trop exiger que d'aller jusqu'à cette limite.

Différentes sont aussi les vues du projet dans l'établissement des tables. Quant à moi, il m'est impossible de croire, comme le laisse deviner l'article 14, que quelqu'un qui paie 550 francs de loyer à Paris soit tenu à payer tout l'impôt, lorsque quelqu'un, avec 480 francs de loyer, ne paiera pas un sou.

« L'Estafette » du 9 mars appelle déjà sur ce point l'attention de ses lecteurs. On devrait défalquer le loyer exempté au moins de la dernière classe des valeurs locatives.

.Aussi ne vois-je rien dans le projet qui ait égard à ce que j'ai avancé pages 65 à 67.

Le projet a l'air de ne pas connaître les communes rurales (v. p. 119 et suiv.) : il suppose que l'on peut constater dans tout le pays la valeur locative des habitations : un loyer annuel, par exemple, de 25 francs dans les petites communes rurales. « Le Soir » a dit déjà que cette supputation est purement fictive, et je ne suis pas arrivé à une conclusion différente dans le cours de mon ouvrage.

. A mon avis, il est beaucoup plus facile pour l'administration de trouver annuellement le revenu moyen des contribuables de ces lieux ruraux, que la valeur locative de leur habitation.

Aussi y aura-t-il moins d'inconvénients, parce qu'à la campagne on est habitué à ce mode de fixer l'assiette. Il ne faudra que remplacer les chiffres fictifs de la répartition par les chiffres du revenu présumé, ce qui est d'autant plus facile, que ces chiffres fictifs expriment une certaine proportion entre les revenus des habitants de ces communes. Il est permis de croire que le nouveau procédé sera, les premiers temps, moins bien compris que l'ancien.

Je trouve que les idées émises par les journaux sur la différence à ce point de vue, entre la ville et la campagne, sont le produit d'une crainte exagérée. Les opinions émises se contredisent : « Le Gaulois » du 1er mars en attend l'écrasement de la campagne, lorsque « La Lanterne » du 2 mars le prédit pour la ville.

Cette dernière assertion a pour elle un semblant de vérité. Je l'ai démontré pages 120 et 121, parce que c'est un axiôme que l'imposition sur le revenu est une question qui n'intéresse guère que les villes. Mais ce n'est pas seulement le cas pour mon impôt : c'est encore le cas pour les impôts person-nels réels, comme le prouvent les statisti-ques de l'impôt sur le revenu, pour les royaumes de Prusse et de Saxe.

Quelque fondée que paraisse l'opinion de « La Lanterne, » généralement parlant, ses conclusions quant à la répartition indivi-duelle sont sans importance, parce que ce ne sont pas les mille et mille petits contri-buables des villes qui doivent apporter au fisc une plus grande obole ; ce seront les ri-ches qui l'alimenteront proportionnellement à leur faculté moyenne, et par là auront plus à payer à l'État, et, incontestablement, en toute justice. Est-ce dans ce sens que se plaint « La Lanterne ? »

Il me semble en effet qu'elle n'a pas assez

calculé les résultats définitifs du nouvel impôt, lorsqu'elle dit qu' « il grève et ne dégrève pas. » Quant à nous, nous croyons
entrevoir un dégrèvement réel en faveur
des moins aisés, et, si l'on veut bien regar-
der les pages 65 et suivantes, on y verra
que l'on peut encore élargir cette voie. Mais
déjà le projet dégrève réellement les moins
aisés, parce qu'ils ne paieront pas même
l'ancienne taxe de la contribution mobilière,
en dépit des plus-values de cet impôt pré-
vues par le ministre.

Avant d'appuyer sur ces prévisions, je
m'arrête un instant aux tables nécessaires
pour établir ces prévisions, et dans lesquelles
on a été étonné de trouver 163 moyens de
présomption de revenu. Je peux constater
que j'en ai trouvé 230, pour fixer le vrai
revenu dans les impôts personnels réels.

Revenant aux prévisions de Monsieur le

Ministre, je crois devoir reproduire cette citation de l'exposé des motifs : « Nous voudrions vous indiquer, avec une approximation satisfaisante, les résultats financiers ; mais nous manquons de données relativement au chiffre des valeurs locatives et à leur répartition en groupes correspondant aux catégories établies. Cette disposition ne pourra d'ailleurs produire son plein effet qu'après le recensement de la propriété bâtie. »

Il y a cependant 15 mois que j'ai indiqué combien il sera facile de se procurer les données de prévision les plus importantes. Il n'y aura qu'à faire ce que j'ai alors conseillé (v. pages 111 et 112), travail qui peut être fait en une douzaine de jours.

Nous savons aujourd'hui, par le précieux rapport de M. Ballue, que toutes les communes qui ont plus de 2.300 habitants, ont une contribution mobilière répartie d'après la valeur locative des habitations.

Or, il y a 2.340 communes, la seizième partie des communes en France, qui pos=sèdent 16.000.000 d'habitants. Ainsi, Monsieur le Ministre aura pour 22.000.000 d'habitants, et pour les $\frac{15}{16}$ des communes, à introduire la valeur locative comme base de la nouvelle contribution mobilière.

Il possède peut-être déjà les statistiques respectives de ces 2.340 communes. S'il en était autrement, je trouverais que la quotité de l'impôt projeté dès le commencement serait un peu hasardée.

Je tiens, avant tout, à renvoyer le lecteur à la page 102 et suivantes, où j'ai développé mon opinion sur ce point. On y verra bien que je suis un partisan de ce « procédé barbaresque et turc » qui s'applique dans toute l'Europe civilisée, à l'exception du Wurttemberg et de la France, et dans toute l'Amérique : ce procédé, c'est celui de la quotité de l'impôt.

Avant d'aborder ce sujet, parlons des exemptions qui n'ont pas de portée pour les contribuables dans le système de la quotité et qui en ont une bien grande pour la répartition.

C'est « Le Soleil » du 23 février qui s'est fait l'organe de l'opposition contre l'exemption des petits revenus. Ces exemptions sont pour lui, « ou la revanche contre le passé, » ou un privilège, ou une aumône qui offense, un abus des idées les plus généreuses. Voilà qui va bien si l'on veut introduire la philosophie dans le domaine des finances où il faut avant tout le calcul.

« Le Soleil, » au lieu de faire des recherches sur les siècles passés, à propos d'un point du projet Dauphin, aurait mieux fait d'étudier le présent : il y aurait trouvé qu'il y a seulement quelques années que la Prusse a exempté les petits revenus jusqu'à 12 et 1500 francs. Ce fut le ministre des Finances de Prusse qui en proposa l'exemption, et nullement pour prendre une revanche sur le passé. Il a tout simplement constaté l'accroissement inoui des frais de perception d'impôts sur ces petits revenus, et la décroissance visible du rendement d'impôts de ces petits revenus ; c'est dire qu'il ne valait pas la peine de les imposer. Le fisc n'y avait rien à gagner, mais l'État pouvait en frappant ces petits, faire ressortir une fois de plus les contrastes sociaux.

Et même, si l'on ne voulait point prêter l'oreille aux plaintes des petits contribuables, l'aride calcul seul forcerait à parvenir là ou M. Dauphin est allé droit de lui seul. Il a pensé qu'il valait mieux les protéger que les anéantir.

C'est la considération de ces petits contribuables même qui a décidé M. Léon Say (Sénat, **22** février) à émettre un motif en faveur de la répartition, motif qui, à mon avis, est nouveau.

J'aurais vu dans ces allégations une véritable plaidoirie pour les petits contribuables, si je ne m'étais rappelé la petite histoire que M. Léon Say a racontée à peine quelques phrases avant, laquelle conduit à des conséquences tout opposées. Car il nous apprend dans cette histoire que, dans une commune, le château ayant été démoli, les paysans et les autres eurent à supporter une charge plus grande.

Il appert de là qu'avec la répartition les petits sont moins épargnés que les grands, et c'est ce que j'avoue dans mon ouvrage.

Ainsi, il est clair que la quotité donne une plus grande certitude que la répartition :

pour la première, je sais que, si je possède 2500 francs de revenu, je paierai 25 francs d'impôts toujours et partout, tandis qu'avec la répartition, je ne puis jamais savoir d'avance, mais seulement tard, ma quote-part, qui différera selon les hasards de personnes et de lieux.

Dans la quotité règne donc la certitude que les procédés de la ferme a tellement dénaturée, que l'on a préféré se sauvegarder par la répartition. Mais un temps qui ne connaît pas les lois fiscales décrétées, la perception des impôts par la ferme, c'est-à-dire un temps qui discute et décide publiquement les lois, qui les perçoit par l'intermédiaire de fonctionnaires publics, et où le peuple est sauvegardé par les lois, la quotité possède une certitude de beaucoup supérieure à celle de la répartition.

C'est ainsi qu'Adam Smith a traduit par

une maxime cette doctrine comme il suit :
« La taxe, ou portion d'impôt, que chaque
individu est tenu de payer, doit être certaine, et non arbitraire ». Aussi, depuis ce
temps, tous les savants citent Adam Smith
comme partisan de l'idée de la quotité. Et
dire que M. Paul Leroy-Beaulieu le cite
comme partisan de la répartition ! — C'est
pour la troisième fois que j'ai l'occasion de
signaler l'attitude de cet économiste vis-à-
vis du projet Dauphin.

Il me sera donc permis de ne plus m'arrêter trop longtemps aux objections de cet
économiste. Il ne songe pas qu'à Paris, et
probablement, dans beaucoup d'autres villes de France, le taux de la contribution
mobilière varie depuis longtemps pour
beaucoup de classes de loyer; il s'imagine
que la répartition implique une sorte de
fixité perpétuelle. Mais déjà « Le Temps » a

avancé le 19 février que « par son caractère
même d'impôt de répartition la taxe actuelle
se prête à toute augmentation ».

Mais si la question que nous venons de
traiter devait être un obstacle au projet, —
des amis même du projet sont contre la quotité : le « Journal des Débats » est de ce
nombre, — on pourrait s'entendre facilement
sur la base suivante : il est impossible de
croire que l'ancienne répartition avec toutes ses complications, continue à être appliquée pour le noùvel impôt ; mais on
pourrait procéder comme il suit : on fixe-
rait d'avance le rendement de l'impôt ;
toutes les communes devraient donner leur
somme de revenu à imposer ; ainsi l'on aurait
au ministère un revenu imposable de 6 ou
9 milliards par exemple. Le ministre des
finances peut alors aisément fixer le taux
unique de l'impôt, d'après l'ensemble des

revenus imposables et la somme de l'impôt arrêtée par le parlement. Ce procédé ne désorganisera rien, et il pourra bien trancher la difficulté.

A la fin de cette longue préface, parlons le plus rapidement possible de quelques questions générales sur les impôts directs, lesquelles reviennent toujours quand il s'agit d'envisager les réformes de ces impôts.

Je dois avant tout renvoyer au résultat obtenu pour la question de l'impôt sur le revenu. On ne peut plus dire qu'elle fait un double emploi quelconque avec les autres impôts directs existants en France.

Il importe peu que l'on introduise un impôt général sur le revenu, ou un impôt visant chaque branche du revenu. Dans tous les cas, l'impôt général sur le revenu donne un plus fort rendement, la fraude devenant plus petite, et la quantité imposable étant plus grande que dans l'autre forme sur le revenu.

Il n'y a pas de raison pour que l'on doive avoir de la prévention soit contre l'impôt d'objets, soit contre l'impôt personnel, tous les deux ayant des droits égaux. La possibilité seule de l'application peut être mise en question. En effet, je n'ai jamais pu comprendre que l'on veuille juger à une époque où règne le droit, par l'un ou par l'autre, de la liberté d'un peuple.

Enfin j'aborde une question qui divise en deux camps ceux qui songent aux réformes fiscales : c'est la question de l'impôt sur le capital et de l'impôt sur le revenu. Elle est, à mon avis, bien plus facile à résoudre que l'on ne croit.

Cette question est réellement tranchée par l'état des choses. Il faut s'en tenir d'abord aux définitions des impôts directs que j'ai données dans mon ouvrage. Ensuite, il ne faut pas prendre à la lettre le texte des lois fiscales existant sur cette matière, et en troisième lieu, il faut se poser la question suivante : si l'on partage l'opinion que j'ai émise page 134 et suivantes, que l'impôt personnel ne fait pas double emploi avec les impôts d'objets, et permet les définitions que j'ai données sur ces deux sortes d'impôts, page 17 et suivantes, il sera permis de se demander de quel fonds paiera ses patentes, la première année par exemple, cet industriel dont parle la page 135 N'est-ce pas du capital? Assurément, et cela me semble incontestable et on ne peut plus compréhensible.

Avec cela, nous abordons tout d'un coup un autre point de vue sur les impôts directs, existants en France, lesquels fourniront après le vote du projet Dauphin, le tableau suivant :

Impôt sur le capital (impôts d'objets) :

    Contribution foncière :

        Propriété non bâtie ;

    Contribution foncière :

        Propriété bâtie,

        Contribution des portes et fenêtres ;

    Contributions des patentes.

Impôts sur le revenu (impôts personnels) :

    Personnes morales :

        Taxe de 3 0/0 sur le revenu des valeurs
        mobilières ;

    Personnes physiques :

        Contributions personnelle ;

        Contribution mobilière.

Je l'ai déjà dit, il ne faut pas se laisser égarer par la façon de s'exprimer des lois et des habitudes contractées. Il est vrai que les législateurs, depuis très longtemps, croient pouvoir s'exprimer, soit dans les

contributions foncières, soit dans les patentes, qu'ils frappent d'un tant pour cent
sur le revenu du contribuable ; mais on ne
peut pas l'admettre d'après les théories que
j'ai émises, parce qu'en réalité, ce n'est
jamais le revenu qui est atteint par ces
lois fiscales, mais c'est toujours le capital,
comme le prouvent les prescriptions de la loi :
l'impôt est à payer dans tous les cas.

Aussi je crois avoir suffisamment démontré qu'il faut considérer les impôts existants d'après les points de vue que j'ai émis
dans le tableau ci-dessus. On voit par là
combien la situation sera simplifiée par l'a-
doption du projet Dauphin, quoiqu'on en ait
dit.

Par là se résout d'elle-même la question
de savoir : « S'il faut avoir égard à un revenu provenant du travail ou d'un objet. »
Ces derniers sont frappés par les impôts sur

le capital et sur le revenu, comme on le voit par le tableau ci-dessus. Mais le revenu du travail n'est frappé que par la contribution mobilière. Par suite, l'on voit, encore une fois, que les professions libérales n'ont nullement droit de se plaindre du projet Dauphin.

Je ne conteste pas, « Le Figaro » a été le premier journal à y songer, à ce que je crois, je ne conteste pas, dis-je, qu'il ne faille dans l'avenir reviser la législation des impôts directs. Je dis reviser, et non renverser. A mon avis, il ne faut que songer aux théories desdits impôts, pour les reviser, les remodeler dans le sens de ces théories.

Il n'y a nul doute pour moi que la contribution des portes et fenêtres disparaisse, même sous sa forme la plus récente, dans un prochain avenir. C'est pour cela que je me suis permis de la joindre aux propriétés bâties qui certainement rapporteront après le nouveau recensement l'équivalent de ces deux impôts.

Si la contribution sur les portes et fenêtres disparaît comme impôt d'Etat, il sera peut-être prudent de la conserver comme une taxe somptuaire au profit des communes, taxe somptuaire qui laissera la place à une large exonération sur le « nécessaire », et frappera uniquement chez tout le monde, le « superflu ».

Ce n'est pas involontairement que j'ai touché ici la question des impôts locaux. En France, comme partout ailleurs, les budgets des communes grèvent bien souvent les contribuables autant que celui de l'Etat.

On pourrait aisément leur sacrifier les taxes sur les voitures, les chevaux, les billards, les cercles, etc., etc., pour alimenter

leur budget. Il se formerait ainsi en frappant encore d'autres objets de luxe un bon
système d'impôts somptuaires locaux, peu
dignes, à mon avis, d'être visés par l'État.

Je ne dis pas qu'il ne faille conserver les
centimes additionnels, ou que les octrois
ne puissent pas être réglementés plus rationnellement au point de vue du tarif des taxes
et de la nomenclature des objets à taxer,
d'autant plus que le nouvel impôt offre des
avantages réels aux communes.

On pourra peut-être croire que j'ai donné
une trop grande importance aux impôts directs. Je n'ai pas eu l'intention de prétendre
qu'ils auront jamais la puissance d'alimenter
seuls le budget d'un grand État. Mais on ne
peut pas contester leur importance à plusieurs point de vue, et plus spécialement au
point de vue social.

Ce n'est pas par un vain hasard que tous

les États européens sont saisis quasi simultanément de la question de ces impôts. Leur réforme s'impose autant pour leur plus-value que pour amener plus d'équité dans la répartition des impôts. C'est bien à ces impôts directs que nous demandons enfin la justice distributive.

Pour leur répartition, peu importe que le budget d'un État soit de 2 ou 3 milliards. L'iniquité n'en existe pas moins, et l'idée de réaliser des économies n'influe en rien sur le but de projet Dauphin.

C'est depuis peu que nous avons pu nous faire une idée exacte de l'importance d'une répartition plus équitable. Des statistiques multiples nous montrent que l'indigence existe rarement dès le commencement. Voilà un homme qui travaille. Tout marche bien 5 ans, 10 ans ! Il dépense ce qu'il gagne. Tout-à-coup, peut-être s'est-il marié, tout-à-coup, il lui manque 60 francs ; à un autre il en manque peut-être 80, à un autre 200. S'il a des parents plus aisés, il est probable qu'ils lui tendront une main secourable. Mais, si ce n'est pas le cas ? Et c'est le plus souvent ! Il emprunte cette somme. Il paie dans le principe, le plus souvent, cette somme empruntée. Plus tard, cela lui devient plus difficile ; il n'en paie qu'une partie. Enfin, il ne peut plus payer ses dettes ! Au contraire, il les augmente ! Sa place va être perdue par suite de ces dettes qui l'étreignent. Il quitte la ville ! La véritable misère commence ! Voilà un homme perdu !!!

Nous avons bien vu que cet homme, qui est le type de milliers et milliers de petits contribuables, n'était pas pauvre au commencement : il l'est devenu par un besoin bien minime.

Et comment? C'est peut-être le fisc lui-même qui lui a ravi cette petite somme! C'est peut-être l'État à qui il a payé 20, 30 ou 60 francs de trop !

C'est pour cela que l'on attache aujourd'hui une si grande importance à la répartition des impôts, et plus spécialement des impôts directs.

Certes, si gouverner est prévoir, « mieux proportionner la répartition des charges entre les contribuables » est digne de la préoccupation des représentants d'une nation, et c'est un souci assez important pour que l'on ne prenne pas mon entreprise en mauvaise part.

Paris, Hôtel Continental, le 15 mars 1887.

Dʳ Gustave KŒNIG

de Vienne (Autriche-Hongrie).

UN NOUVEL IMPOT

SUR LE REVENU

I

LES PRINCIPES DE TOUTE RÉFORME FISCALE

On peut procéder de bien des manières à la modification d'un système fiscal.

On peut se créer un idéal et y tendre avec ardeur, sans se préoccuper des impôts existants, c'est-à-dire, en les supprimant, afin de leur substituer le système rêvé. D'autres s'ingénient à créer de nouveaux impôts, soit pour en remplacer d'anciens, soit pour augmenter le nombre de ces derniers. Enfin, il en est qui cherchent simplement à

1

améliorer le rendement des taxes existantes.

Pour trouver la voie dans laquelle il faut s'engager, je vais me borner à préciser les principes qui m'y conduiront, et à exprimer ces deux maximes :

« L'histoire des impôts d'un pays donne le système d'impôts de ce pays. »

« Il s'agit moins de s'ingénier à savoir ce que l'on veut frapper, que de savoir comment on peut frapper. »

Je ne crois pas devoir faire ressortir ici tout particulièrement qu'un troisième principe « la justice distributive » doit dominer dans tout impôt direct.

Le premier de ces deux principes conduit à l'étude historique de tous les impôts d'un pays, mais ici, je ne compte m'occuper que des impôts directs, tels qu'ils existent en France.

Toutefois, je tiens à préciser encore davantage la tâche que je m'impose : je m'occuperai tout particulièrement de l'impôt qui a une tendance visible à atteindre le revenu. Il est par conséquent indubitable que je n'entends parler que de la contribution personnelle et mobilière.

Je peux d'autant plus sûrement prendre cet impôt seul pour objet de mes considérations historiques, que sa base fournit, plus ou moins, l'assiette des impôts directs les plus importants, tels que la contribution foncière des propriétés bâties et les patentes.

La « contribution personnelle et mobilière » actuelle a pour dérivatif le décret et l'instruction rendus par l'Assemblée nationale dans sa séance du 13 janvier 1791 (n° 564 : loi du 18 février 1791) « sur la contribution mobilière. »

Cette contribution a eu pour but d'atteindre tous les revenus qui ne peuvent l'être par la contribution foncière (Instruction : Dispositions générales). Le but poursuivi par l'Assemblée nationale a été d'atteindre chaque citoyen dans ses revenus mobiliers (article XXIII), provenant soit des salaires publics et privés, soit des revenus industriels, soit des fonds mobiliers (Décret, art. V). Ces revenus devaient être évalués d'après la cote des loyers d'habitation (D., art. V) qui fournissent la présomption des revenus du contribuable (D., art. XVI). Tel est le résumé de la loi de 1791.

Deux changements notables apportés à cette loi en ont modifié le caractère original.

La loi (n° 136) « concernant la contribution personnelle, mobilière et somptuaire » du 14 thermidor, an V, frappe seulement, il

est vrai, les revenus qui ne sont pas soumis
à la contribution foncière (art. XVIII), mais
elle transforme l'assiette de l'impôt, par la
stipulation d'un minimum (art. XVIII) et la
prescription que les taxes seront fixées à la
majorité absolue des suffrages des jurés
(art. XV). On le voit, c'est là un changement
complet de l'assiette de l'impôt.

Au reste, la loi (n° 2270) « sur le mode
d'assiette de la contribution personnelle,
mobilière et somptuaire » du 3 nivôse, an
VII, avait déjà modifié, d'une façon plus
radicale sans doute, la loi de l'an V, notamment dans son article XXI, lequel rétablis-
sait l'assiette, mais d'après la simple valeur
du loyer d'habitation — au marc le franc.

Toutefois, m'étant assigné l'unique but de
démontrer ici la marche et l'état actuel de
l'idée fondamentale de cette loi, je n'ai pas
à examiner les lois ultérieures, ne renfer-

mant aucune modification du principe non plus que les incidents se rapportant à l'assiette de cet impôt, tels que la répartition et autres.

Quels ont été les objectifs de ces lois ?

Par la contribution mobilière, le législateur de 1791 a eu l'intention de faire revivre l'esprit de la capitation, savoir une contribution supportée par tous les sujets, chacun selon ses forces, soit un impôt proportionnel sur le revenu (1). La loi a voulu atteindre tous les revenus non frappés par l'impôt foncier, provenant principalement des capitaux. Il ressort de toute évidence qu'en jugeant nécessaire de déduire l'impôt foncier de l'impôt mobilier, le législateur, dans cette loi initiale, a voulu frapper les facultés du contribuable. Ce qui caractérise principale-

(1) Clamageran, *Histoire de l'impôt en France,* tome IIIe, page 34, Paris, 1876.

ment la loi de 1791, c'est le perfectionnement apporté aux impositions. C'est à cause des diverses déviations que, dans la suite, cette loi sur la contribution mobilière est devenue un pur impôt sur les loyers, un impôt d'objet.

Quelles ont été les assiettes de ces lois ?

En 1791, l'on pensait qu'il fallait, à tout prix, enrayer à jamais l'arbitraire, « source d'embarras pour les administrateurs honnêtes, et instrument d'animosité et de passion entre les mains de tous les autres. » On conçoit les grosses « difficultés que l'on a à connaître les revenus d'industries et de fonds mobiliers », toujours si « faciles à cacher », et l'Assemblée nationale ne se dissimula point l'impossibilité de les atteindre et de les évaluer avec précision : c'est pourquoi elle adopta, comme base, les loyers d'habitation.

Le législateur pensa avoir trouvé dans ces loyers d'habitation une base indiquant les facultés et les revenus du contribuable. Il a voulu réellement frapper les revenus du contribuable ; et il les a atteints, d'après certains indices visibles : en effet, pour les connaître, il a eu recours à un signe extérieur : la valeur locative.

Mais, si d'un cô'é les législateurs voulaient éviter l'arbitraire, les procédés inquisitoriaux et les enquêtes sur l'état des personnes, d'autre part, ils désiraient instituer un système administratif arrivant aux mêmes fins, et, par ce moyen, fixer l'assiette d'après les signes extérieurs. Certes, si la chose avait été possible, le développement de cette idée aurait suivi sa marche progressive ; mais elle ne l'était pas, et l'on a dû s'en tenir invariablement à la même méthode.

Cette base était-elle une imitation ou, était-ce une importation de l'étranger, ou bien un produit national, engendré par les coutumes et les mœurs ? Il va de soi qu'une loi aussi bonne que celle de 1791 n'a pu être une imitation toujours si dangereuse pour une grande nation, vivant de son génie propre.

Voici comment l'Assemblée s'arrêta à cette idée : Elle savait « que, dans plusieurs villes, des administrateurs éclairés avaient réparti l'ancienne capitation à raison des loyers. » (I, art. V).

Cette base a donc été un développement perfectionné de choses connues et existantes, ce qui est toujours la meilleure méthode d'obtenir un progrès digne d'un grand peuple.

Il semblera peut-être que je m'arrête trop longtemps sur le passé ; mais l'étude de

1.

cette époque offre un tel intérêt à ceux qui s'occupent des impôts actuels, qu'il y a un réel avantage à en analyser les conceptions législatives, autant pour bien se pénétrer de l'état des esprits à cette époque, que pour en tirer des déductions toujours utiles, même de nos jours.

Les conséquences de l'exposé historique que je viens d'esquisser ont été d'une grande importance en ce qui concerne la constitution des contributions directes en France. L'établissement de l'impôt mobilier a terminé la période d'essai, d'introduction d'un impôt personnel (1) réel.

Le législateur de 1791, qui avait eu l'occasion de constater les effets et l'insuccès des impôts personnels pendant environ un siè-

______

(1) Pour éviter toute confusion, je repète, une fois pour toutes, que j'emploie ce mot dans son sens exclusivement technique. Voir page 17 et suivantes.

cle, fut frappé des obstacles qui s'opposaient à la fixation de son assiette, ou, ce qui est la même chose, des difficultés d'obtenir une estimation équitable des contribuables. Il se décida alors à rejeter l'imposition de la personne d'après ses facultés, et s'en tint à l'imposition des objets, en lui conservant un faux masque d'impôt personnel, soit l'imposition des revenus présumés d'après le loyer.

En frappant l'objet, on tâchait d'atteindre la personne, et ses facultés économiques ; mais pour aboutir à un tel résultat, il aurait fallu posséder les profondes connaissances qui avaient guidé le législateur de 1791, ainsi que l'esprit même des lois qu'il avait votées sur cette matière, esprit qui s'affaiblit peu à peu, au point de s'effacer ; car il n'est resté de cette tentative d'imposition personnelle autre chose qu'un impôt d'objet.

Ainsi cet essai n'aboutit qu'à augmenter le nombre des impôts d'objet, ce qui démontre l'énorme contradiction qui existe, par le fait d'avoir conservé le titre original à une loi due à la législation si sage de 1791, alors que son esprit fut, plus tard, méconnu au point qu'elle ne servit plus qu'à illusionner sur ses effets, ou qu'à abuser de la base existante.

Cette considération historique va tout naturellement me fournir une conclusion aux deux maximes énoncées plus haut.

L'exposé que je viens de faire touchant le premier de ces principes a dû dissiper tous les doutes relatifs à la direction qu'il faut imprimer au mouvement tendant à la modification des impôts. Il devient évident pour celui qui est pénétré de la nécessité qu'il y a d'accomplir des réformes, qu'il faut maintenir les impôts d'objets, parce qu'il n'existe

aucun argument historique de nature à laisser entrevoir, ou espérer la possibilité d'un
impôt d'après les facultés réelles.

Ces données historiques confirment également mon second aphorisme. En effet, ces recherches doivent forcément nous éloigner des
impôts personnels, puisque, outre l'horreur
qu'ils inspirent, ils font de plus preuve de leur
impuissance et de leur défectuosité, lorsqu'il
s'agit de fixer avec certitude une assiette.

Il ressort donc clairement et positivement
de ce qui précède que, pour acquérir la
certitude d'un rendement complet, il est
indispensable de se référer aux signes extérieurs ; et, comme on doit le voir, l'indice
qui s'impose naturellement dans ce cas,
c'est la valeur locative, qui régit les impôts
directs en France depuis un siècle, et qui en
est la caractéristique.

Or, pour conclure logiquement sur ces

points, il faut reconnaître que, si la législature de 1791, c'est-à-dire d'une époque qui résumait les études et les travaux de deux siècles, lesquels ont préparé la civilisation du monde dans le nôtre ; si une époque agitée par tant de sérieux et sincères efforts en faveur de la liberté humaine, par tant de nobles sentiments pour l'humanité et l'Etat ; si un temps si grand, si fécond en projets grandioses que la fin du siècle dernier ; si, à une époque plus rapprochée, où les cataclysmes ont ébranlé et remué toutes les masses profondes de la nation, où il a fallu faire sortir des milliards, où cet élan colossal a pu s'accomplir sous la République ; si toute l'agitation faite à ce moment autour de la question de l'impôt personnel, et les innombrables projets qu'il a provoqués, si tout cela, dis-je, n'a pas converti les esprits à un système d'impôts différents de celui qui existe, il faut reconnaître alors qu'il est sage de renoncer, à ce desideratum, ou tout au moins de l'écarter, et que l'introduction soudaine d'un impôt personnel réel, avec les moyens qu'il exige, est pour ainsi dire impossible.

Ainsi donc, ceux qui veulent une réforme véritable et durable doivent diriger leurs regards vers le perfectionnement des impôts directs existants ; perfectionnement qui doit avoir le double avantage d'apporter plus d'équité dans la répartition, et une plus-value dans les caisses de l'Etat.

II

LES IMPOTS DIRECTS EN EUROPE
ET EN AMÉRIQUE

Si un économiste autrichien, bien connu
en France, M. de Hock, a cru devoir
prendre pour devise la sentence d'un
théoricien français, dont voici le sens :
« Dire que la théorie est superflue, c'est
montrer un orgueil impliquant l'ignorance
des choses dont on parle, comme de celles
que l'on applique, » il me sera bien permis,
à mon tour, afin de n'avoir plus à y reve-
nir, de faire une petite excursion dans le
domaine de la théorie, et de faciliter ainsi
la compréhension de l'objet en discussion.

Au reste, je n'aurai pas à m'étendre

beaucoup sur ce sujet, car, traitant simplement la question des impôts directs, je m'en
tiendrai au classement établi dans le budget
français quant aux impôts directs.

Il existe toutefois plusieurs manières
d'entendre les divisions concernant ces impôts, mais je me borne à signaler le fait
sans le discuter. Néanmoins, quand il s'agit
de pratique, en matière de finances, je crois
que la meilleure division est celle-ci :

1° Les impôts d'objets (réels).

2° Les impôts personnels.

L'intention des législateurs, pour les impôts d'objets, n'a eu en vue que l'objet
même. Ainsi, chaque objet existant est
frappé, quelles que soient la nationalité et
la situation économique de son propriétaire. Exemple : Quand on impose une
porte ou une fenêtre, c'est là un impôt
d'objet, parce qu'il est perçu sans avoir

égard à la situation personnelle du propriétaire, c'est-à-dire sans que le fisc se préoccupe de savoir si ce dernier est riche ou
pauvre, indigène ou étranger.

Mais si l'on frappe le capital ou le revenu
d'un contribuable, c'est là un impôt personnel, parce qu'il s'adresse à l'ensemble des
facultés de l'assujetti, à sa position réelle et
individuelle ; c'est-à-dire qu'il faut s'infor-
mer de sa nationalité, de sa force économique, de son passif et de son actif, bref, de
tout l'état économique de sa personne.

En conséquence, la caractéristique diffé-
rentielle entre les impôts d'objets et les impôts personnels, est que les premiers frappent l'objet visé sans autre considération
que le but à atteindre, et à l'endroit même
où cet objet se trouve, c'est-à-dire que l'assiette d'impôt est décentralisée ; et que les
seconds ne frappent que le résultat d'un en-

semble d'opérations propres à certaines personnes, au moyen d'éléments qui établissent la capacité économique de l'individu, et qu'il est impossible de posséder tant que l'assiette d'impôt n'est pas centralisée.

Aussi la charge dans l'impôt personnel, est fixée d'après les facultés individuelles, tandis que dans l'impôt d'objets, elle est établie en vertu d'une généralisation dont on a arrêté une somme moyenne dans le tarif.

Grâce à cette définition, il devient aisé de saisir rapidement le système des impôts directs existants. Aussi vais-je maintenant exposer les lois européennes et américaines respectives en vigueur.

Je serai bref sur l'impôt d'objets, mais je devrai m'appesantir davantage sur l'impôt personnel.

La raison en est que les impôts d'objets
sont très connus, étant le pivot unique du
système des impôts directs en France. Au
surplus, ces impôts, les patentes spécialement, ont été imités à l'étranger. C'est ainsi
que l'on y trouve, en général, la contribution foncière, (propriétés non bâties =
Grundsteuer, etc. ; propriétés bâties = Ge-
baeudesteuer, etc.), la contribution des
patentes (= Gewerbesteuer, etc.,) etc. Par
contre, à la contribution personnelle et mobilière, est substitué, particulièrement dans
l'Allemagne du sud, l'impôt sur le produit
des capitaux, ainsi que l'impôt sur le produit des professions libérales. Mais, je le
répète une fois de plus, tous ces impôts sont
impôts d'objets, parce qu'en les appliquant,
l'on ne se préoccupe que des objets, et non
de l'actif, du passif et des facultés du contribuable.

Je vais maintenant tracer les dispositions principales des lois sur les impôts personnels réels, telles qu'elles existent en Europe et en Amérique. Ainsi que nous le savons déjà, ces impôts n'existent pas en France.

Il y a deux façons d'atteindre les facultés de l'individu : par l'impôt sur le revenu, ou par l'impôt sur le capital. Tout d'abord, l'on peut frapper le revenu ou le capital comme tels ; ensuite, l'on peut frapper les diverses sources de ce revenu ou de ce capital. En un mot, on peut atteindre le revenu ou le capital, en général, dans l'ensemble des facultés du contribuable, puis, en particulier, dans chaque branche spéciale de ces facultés.

. A cette catégorie d'impôts généraux appartiendront : les impôts sur le capital des États autonomes du nord de l'Amérique, de la Suisse, et de Brême ;

Et les impôts sur le revenu en Prusse ;

(depuis 1851 et particulièrement depuis 1873), dans le royaume de Saxe (depuis 1878), dans le grand duché de Bade (depuis 1884) et dans quelques autres Etats de l'Allemagne et de la Suisse.

Ces impôts généraux se subdivisent comme assiette en imposition par classe et en imposition à raison de tant pour cent.

Le développement de l'imposition par classe (Classensteuer) a suivi historiquement le progrès de l'assiette de cet impôt, ainsi que l'énumération suivante va le démontrer. Impôt par classe sur le rang (capitation de 1695 en France) ; impôt par classe d'après l'état social du contribuable (propriétaires et paysans, fonctionnaires et commercants, maîtres et compagnons, etc., — comme cela a été pratiqué en Prusse jusqu'en 1851) ; impôt par classe d'après des signes extérieurs (comme cela a eu lieu en Prusse jusqu'en 1873) ; impôt par classe d'après l'estimation approximative des revenus du contribuable, tout en maintenant le point de repère des signes extérieurs (depuis 1873 jusqu'à ce jour en Prusse).

Quant à l'imposition à raison de tant pour cent, je peux m'abstenir de la commenter, le mot expliquant suffisamment ce dont il est question.

Les impôts qui, en apparence, ont la prétention de frapper la force économique, mais qui, en réalité, ne l'atteignent à peu près jamais, sont ceux qui frappent séparément les sources du revenu ou du capital, ainsi que le fait, par exemple, l'impôt sur le capital établi :

Sur les biens-meubles et immeubles, (États autonomes de la Suisse et de l'Amérique), sur les revenus ;

Sur chaque branche spéciale, (Angleterre

et Autriche), ou sur quelques branches seulement, comme le travail et le capital, (Suède et Italie). Par ces procédés, le caractère même de l'impôt est notablement changé, puisqu'il ne frappe plus l'ensemble des facultés du contribuable dont les revenus ont plusieurs sources. Il en est de même en Angleterre où la connexité entre les diverses sources de revenu n'est qu'apparente, à l'exception des deux cas suivants où l'unité existe : 1° Lorsque le contribuable peut prouver qu'il a moins de 3750 francs de revenu ; 2° lorsqu'une certaine catégorie de contribuables est assurée à une compagnie d'assurances sur la vie, car il lui est loisible alors de défalquer dans une certaine mesure de son revenu total la prime payée.

Une des tendances caractéristiques des impôts personnels réels est que ceux-ci n'ont pas pour but exclusif d'atteindre les

matières imposées, mais aussi de tenir
compte des circonstances particulières des
divers contribuables, quoiqu'ils soient cen-
sés établir et atteindre les facultés réelles
des individus. Au nombre de ces circonstances, il faut placer en première ligne le
passif et les égards dus aux situations personnelles.

Le passif n'est pas en jeu dans l'impôt
sur le capital en Amérique : cette omission
est blâmable et déplorable. On peut même
affirmer que cette législation fiscale a eu
pour effet de développer l'esprit de fraude,
et de le pousser si loin, qu'elle a en quelque sorte créé chez le peuple américain,
l'art de tromper l'autorité.

En Angleterre et en Autriche, l'administration ne s'occupe pas non plus du passif :
ces deux États l'envisagent comme étant une
question regardant seulement le créancier

et le débiteur. C'est donc affaire à eux deux de s'entendre ; néanmoins le débiteur a le droit de déduire le taux de l'impôt sur l'intérêt de la somme due au créancier. Mais cette méthode est également dangereuse, ainsi que cela est démontré par l'expérience. Tandis qu'en Angleterre tout le monde prétend que l'impôt frappe en réalité le créancier, il est incontestable qu'en Autriche, en dépit des prohibitions légales, l'impôt est supporté par le débiteur.

En Prusse, le contribuable n'est pas tenu de déclarer son passif, à moins qu'il ne présente une instance en réclamation.

Enfin, dans les autres pays, on exige la déclaration du passif en même temps que celle de l'actif.

Le second point caractéristique des impôts personnels est qu'il formule les cas susceptibles d'exercer de l'influence sur les situations personnelles, tels que :

Familles nombreuses,

Maladies,

Accidents,

Age,

Infirmités,

Assistance obligatoire des parents,

Dépenses disproportionnées que nécessite l'éducation des enfants, et ainsi de suite jusqu'à l'infini. On conçoit facilement combien ces enquêtes doivent occasionner de perte de temps et de frais à l'administration.

Mais ce n'est pas tout, et la multiplicité des cas que je viens de signaler est bien loin de comprendre tous ceux que motive la perception des impôts personnels réels. Il faut encore qu'on leur accorde le pouvoir d'établir la relativité des facultés dans l'individu, et leur octroyer, à ce sujet, une mine nouvelle et inépuisable d'expédients. Cette relativité est interprétée par les lois de bien des manières différentes.

Le taux de l'imposition diffère suivant les diverses catégories qui suivent :

1° Capital en meubles et immeubles ; capital qui rapporte ou qui peut rapporter. Il y a, en plus, la distinction entre les

2° revenus provenant d'un objet ou ceux dûs au travail individuel. On voit donc que l'on peut frapper

3° le capital par un impôt sur le capital, puis l'ensemble des revenus par un impôt sur le revenu,

Enfin, last not least, il y a le

4° taux progressif.

Il est temps maintenant d'aborder l'étude des mesures propres à assurer et à faciliter l'assiette des impôts personnels réels. Par le fait même que ces impôts frappent les facultés réelles de l'individu, il faut nécessairement que l'administration ait recours à des moyens plus ou moins inquisitoriaux, et qu'elle se mette en contact avec le public dans des conditions autres que celles qui ont été pratiquées jusqu'ici. Aussi compte-t-on une variété considérable de procédés propres à atteindre le but en question.

Grâce aux efforts de philanthropes convaincus, mais ignorant des choses du cœur humain, on a prescrit — seulement dans de petits États aujourd'hui — que

1° la déclaration du contribuable ferait seule foi en la matière. Brème et Saxe-Weimar appliquent ce système, qui me semble être un défi dédaigneux jeté à l'autorité, puisque celle-ci doit borner son rôle et son action à enregistrer les déclarations sans mot dire.

Voici d'ailleurs les divers caractères que peut présenter la déclaration. Elle peut être verbale ou écrite; elle peut être faite cha-

que année ou par périodes de plusieurs années ; elle peut être faite une fois pour toutes, et, plus tard, modifiée selon les besoins
ou les circonstances ; elle peut désigner tous
les objets d'impôts, ou seulement les biens-
meubles, ce qui a lieu de préférence.

Mû par les motifs philanthropiques que
je viens d'exposer ou par le fait que les résultats de ce système doivent souvent être
infructueux, on a essayé d'aboutir à de
meilleurs résultats par

2° la taxation d'office. Les fonctionnaires
qui sont chargés d'établir cette taxation
peuvent être indifféremment, ou bien un seul
fonctionnaire de l'État, ou bien un seul dé-
légué des contribuables au premier ou au
second degré, ou encore plusieurs fonctionnaires de l'État ou délégués des corps élus,
et, ce qui est plus fréquent, des corps mixtes.
En général, les États ont employé des mé-

-thodes nombreuses pour instituer et compo-
ser ce corps de fonctionnaires spéciaux, à
seule fin, bien entendu, de se rapprocher le
plus possible de l'équité.

Outre ces deux procédés, il y a encore

3° la taxation indirecte faite par un tiers,
et qui se présente sous deux aspects : la déclaration indirecte seule, comme la déclaration d'un débiteur à l'égard de son passif ;
la retenue sur le traitement, les coupons,
etc.

La littérature spéciale n'a pas encore classé
jusqu'ici, bien qu'il existe, le procédé

4° des contribuables se réunissant et se
taxant entre eux, comme dans le Portugal,
et (pour les patentes) dans la Prusse.

Voilà les quatre véritables types sur lesquels repose l'assiette ; quant aux autres, ils
ne peuvent être que des combinaisons tirées
de ces modèles, telle par exemple que la

déclaration vérifiée par un seul ou par plusieurs fonctionnaires, etc.

Néanmoins, ces divers moyens n'ont pas abouti, et il a fallu que l'Administration employât des procédés empruntés à la justice, lesquels comportent : le témoignage et l'expertise, clauses insérées dans presque toutes les lois relatives aux impôts personnels ; le serment que l'on y rencontre souvent ; les visites domiciliaires, les investigations dans les bureaux, l'examen des livres de commerce, les constatations judiciaires de l'estimation du capital ou du revenu, qui ne sont pas rares en Suisse ; enfin, et surtout pour les impôts personnels, la publicité de la taxation, considérée par quelques personnes comme un excellent moyen de prévenir la fraude. La Suisse par exemple tient beaucoup à ce système. En Suède, il est développé à l'extrême, et les journaux

de ce pays publient tous les ans un supplé-
ment où ils enregistrent les diverses taxa-
tions de tous les contribuables.

La multiplicité des moyens employés
pourrait faire croire à leur efficacité ; il n'en
est rien cependant, et l'assiette laisse toujours à désirer.

Un statisticien célèbre a démontré qu'en
Angleterre la moitié au moins des revenus
ne sont pas déclarés, et l'institution de la
restitution anonyme (conscience - money)
dans ce pays, n'est pas de nature à prouver
le contraire. Encore le mal ne serait-il pas
bien grand, si la moitié déclarée répondait
à la moitié réelle du revenu de chaque contribuable, mais voici comment s'opère l'assiette : les petits, qui peuvent difficilement
se soustraire au contrôle, sont frappés entièrement. Il n'y a pas non plus à redouter la
fraude chez les riches négociants qui, par

usage, déclarent en général assez exacte-
ment leurs revenus. Mais la classe moyenne
— plus riche et plus nombreuse que sur
le continent — échappe en majeure partie
à cet impôt. D'autre part, il arrive que,
par les retenues sur les coupons, quelques
détenteurs de valeurs paient un impôt dont
ils devraient être affranchis en raison de l'exi-
guité de leurs revenus. Cette particularité
provient du grand nombre et de la durée
des formalités à remplir pour obtenir l'exemption légale de cet impôt. Par contre, l'exemption une fois accordée reste en vigueur, et
parfois il arrive que, quelques années après
l'obtention de ce bénéfice, le contribuable
possède des revenus supérieurs à ceux fixés
par la loi, et pour lesquels il ne paie pas
d'impôt, parce qu'il en a été jadis affranchi.

Au reste, les choses ne vont pas diffé-
remment dans les autres pays, et l'on n'at-

tend pas plus de souci de la vérité, en matière d'impôts, de la part d'un Italien que de celle d'un Anglais, d'où l'on peut conclure que « la fraude est énorme, universelle. » En Autriche, on trompe comme partout ailleurs ; en Prusse, le gouvernement lui-même ferme les yeux sur la violation de la loi en ce qui concerne cet impôt ; en Amérique, la fraude est une science ; en Suisse même, on ne peut s'en rapporter d'une manière satisfaisante aux conditions d'établissement de l'assiette.

En raison de ce fait, il ne serait pas étonnant que les impôts personnels ne jouassent (d'après l'Almanach de Gotha de 1885) le rôle suivant dans le budget des États suivants (1).

(1) Quant à la Prusse, la Bavière, le Grand-Duché de Bade, etc., cet Almanach ne contient pas de chiffres détaillés concernant les impôts directs. Mais l'impôt sur le revenu ne joue qu'un rôle restreint au point de vue des recettes en Prusse.

En millions :

		Rendement de l'impôt personnel.	Rendement total des impôts.	Rapport proportionnel entre les deux chiffres précédents.
Saxe	Marks	17.99	69.92	25.73
Italie	Lires	199.23	1562.975	12.75
Grande-Bretagne et Irlande	Livres sterl.	10.97	88.962	12,33
Autriche	Florins	24.50	458.10	5.35
Suède	Couron.	3.25	80.80	4.02

Abstraction faite que, dans les États où sont établis des impôts d'objets, c'est-à-dire dans tous les États, excepté la Saxe et l'Angleterre, ces impôts rapportent un multiple du rendement fourni par les impôts personnels, il faut convenir, qu'en dépit de l'emploi de tous les procédés signalés plus haut, l'impôt personnel réel aboutit à des résultats mesquins.

Après cet examen suffisamment long des impôts d'objets et des impôts personnels, il

ne sera pas sans intérêt de jeter un coup d'œil
sur la marche de ces deux impôts.

En 1791, la France a, la première, cher-
ché à introduire chez elle un genre d'impôt
personnel. Pour éluder les difficultés de l'assiette, on avait établi des signes extérieurs
pour taxer les contribuables. Mais on arriva
en peu de temps, à dénaturer le caractère de
cet impôt, et peu à peu, cette taxe a été
transformée en un impôt d'objet.

En Prusse, l'on s'est également adressé
aux signes extérieurs, lorsqu'il s'agit, en
1820, de créer un impôt personnel; mais les
suites en ont été tout autres qu'en France,
puisque de nos jours, la loi a une tendance
à tenir compte de la situation personnelle
exacte des individus.

L'Angleterre a suivi une marche toute
différente. D'abord, l'on a cru devoir laisser
de côté l'esprit de prévoyance des lois fran-

çaises de 1791. En conséquence, on établit, en 1798, un impôt général sur le revenu, basé sur la déclaration du contribuable, et qui ne produisit pas la moitié de ce que l'on avait prévu. Plus tard, et définitivement en 1842, on supprima ce système de l'assiette et on créa un impôt frappant chaque branche spéciale de revenus. Malgré le caractère général de cette loi, sa tendance, dans quelques cas au moins, est d'établir l'assiette d'après des objets.

Enfin, le royaume de Saxe et le Grand-Duché de Bade fournissent les exemples modernes les plus intéressants.

Le premier de ces pays a cru devoir abolir tous les impôts d'objets, pour leur substituer les impôts personnels réels. Or, pendant que les partisans de ce procédé s'enthousiasmaient à qui mieux mieux, une réaction, appuyée et soutenue non seulement par les théoriciens, mais par les leçons de la pratique, se produisit un peu partout, et vint calmer cette belle ardeur. Ajoutons cependant, qu'en dépit de l'expérience, cette idée a conservé des adeptes et des apôtres toujours aussi ardents.

Lorsqu'en 1884, le Grand-Duché de Bade voulut modifier le système d'impôts existants, le gouvernement eut grand soin de ne pas s'égarer dans des voies incertaines, et, tout en décrétant un impôt personnel, il maintint ceux d'objets. Aussi cet État peut-il être considéré comme ayant su tirer de ces deux formes d'impôts directs tout ce qu'il est possible d'en extraire rationnellement, c'est-à-dire, d'avoir su leur faire atteindre leur complet développement.

Cet exemple démontre donc bien que l'impôt personnel doit vraiment être envisagé comme le couronnement du système des impôts d'objets, et le praticien devra finir par le considérer bien plus au point de vue de la politique sociale qu'au point de vue financier.

III

LA NATURE DU LOYER PERSONNEL.

Il résulte de ce qui précède que quelques
problèmes théoriques ont été résolus et que
mon but a été atteint de trois façons. En
effet, j'ai démontré l'insignifiance des impôts
personnels réels pour les recettes des grands
États ; j'en ai élucidé le côté matériel dans
les lois européennes et américaines ; enfin,
j'ai indiqué les différents procédés employés
pour en établir l'assiette. Ce sont bien là, ce
me semble, les éléments préliminaires à signaler lorsqu'on veut introduire cet impôt
dans un pays.

Ma tâche va consister maintenant, les pré-
misses étant posées, à aborder le fond du su-

jet en examinant le meilleur moyen d'imposer le revenu par le seul développement des
impôts existants. Au surplus, j'ai suffisamment démontré, dans les pages qui précèdent, que la contribution personnelle et mobilière est de tous les impôts, celui qui se
prête le mieux à ce remaniement.

J'arrive par cela seul à la partie de la tâche, qui consiste à considérer la valeur locative comme moyen d'établir l'assiette de
l'impôt ; c'est ce dont il faut avoir une connaissance théorique approfondie, si l'on
veut distinguer le caractère, les avantages,
les inconvénients et l'applicabilité de ce procédé, et en apprécier, ensuite, l'exécution
pratique avec d'autant plus de liberté d'esprit, de calme et d'exactitude.

Le logement est une nécessité universelle. Des savants allemands prétendent
même que pour satisfaire à ce besoin, on

en néglige quelquéfois d'autres. Quoiqu'il en soit, il est cértain qu'après le bôire et le manger, il n'en est aucun d'aussi impérieux ; il est également certain que chaque individu cherche à le satisfaire le plus complètement possible, et que seul, l'étàt économique peut en arrêter la réalisation totale. Bref, il n'y a aucun besoin humain auquel on satisfasse rélativement, autant qu'à celui du logement, et qui exige avec autant de force d'être satis= fait.

Il ne faut pas omettre que la mesuré de la satisfaction de ce besoin, qui s'accuse, en réalité, dans la superficie du logement, est importante ; et pour cela, il est urgent d'examiner les diverses causes capables d'exercer une influence quelconque sur cette mesure.

Cette influence peut se manifester de deux façons : par la diminution ou bien par l'augmentation de l'espace occupé, faits qui se déterminent par des ordres d'idées différents : économiques, sociaux, hygiéniques.

La diminution du logement se produit chez ceux qui ne se soucient pas de mettre d'accord leur logement avec leur situation économique, comme l'avare, exemple cité par tous les auteurs. Les célibataires, autre exemple qui se retrouve sous toutes les plumes, les voyageurs, etc., peuvent également se passer d'une habitation en rapport avec leur fortune.

A côté de ces causes de diminution se trouvent d'autres causes d'ordre social et hygiénique, ayant pour conséquences l'augmentation des loyers. D'une manière générale, on peut dire que la culture intellectuelle, scientifique, etc., obligent certainement une catégorie de citoyens à tenir un rang plus élevé, c'est-à-dire à se loger plus gran-

dement que ne le comporte quelquefois leur
position réelle : tels que les professeurs, les
médecins, les fonctionnaires, les militaires,
par exemple. Quant aux locataires qui se
laissent entraîner par le goût de paraître, ou
par les habitudes d'une vie élégante et confortable, ils ne méritent aucun intérêt.

L'hygiène est également une cause d'augmentation de la valeur des logements, surtout lorsque les familles sont nombreuses;
que les enfants entrent dans l'adolescence,
ainsi que dans les cas de maladie chroni-
que.

Cependant, pour si fondés que soient ces
motifs d'augmentation et de diminution,
l'imposition proposée ne doit pas non plus,
à mon avis, en tenir compte; ces cas sont
d'une minime importance pour l'ensemble
du projet, dans lequel j'ai introduit, comme
on le verra plus loin, un autre correctif d'un

caractère général pour tout ce qui a trait aux surchages et aux vicissitudes que j'ai énumérées tout à l'heure.

Ce n'est pas un intérêt théorique, mais bien un but exclusivement pratique, qui m'a engagé à exposer les idées qui précèdent.

En effet, maintenant que nous avons une connaissance complète du caractère de l'habitation et, par suite, de la valeur locative, on peut se poser cette question : « Cette valeur locative contient-elle des éléments que l'on puisse utiliser, d'une manière générale, pour établir l'assiette d'un impôt sur le revenu ?

Pour les raisons qui vont suivre, je pense qu'il faut lui attribuer une haute et importante place parmi les nombreux moyens propres à fixer l'assiette.

La première est tirée du fait universel,

que tous les hommes doivent se loger ; elle
est une manifestation d'ordre général ; la
deuxième, du fait évident, que la valeur locative est un signe symptomatique de l'état
économique de locataire, — elle est une
échelle d'estimation particulière : or, ces
deux qualités constituent les conditions
principales et essentielles d'un moyen d'é-
tablir l'assiette.

En se basant sur ce fait, le législateur
considère la valeur locative comme étant,
en général, dans une proportion constante
avec le budget domestique ; ou pour parler
plus nettement, il considère les dépenses
d'une personne, nécessairement et formelle-
ment soumises à ses revenus, comme une
pierre de touche propre à déterminer la re-
lation existant entre ces revenus et la valeur
locative, spécialement en ce qui concerne
les facultés moyennes du contribuable.

Donc, par la valeur locative, on possède un objet visible, et qui est toujours facile à reconnaître, ainsi qu'un moyen très pratique d'atteindre le revenu, toujours si difficile à imposer.

C'est ce double caractère de la valeur locative, qui la rend apte à servir de base à l'établissement de l'impôt sur le revenu, et qui enseigne en même temps de quelle manière l'État doit s'en servir pour l'assiette. En effet, cette valeur locative présentant le double avantage d'être à la fois générale et une entité relative, l'État peut aisément l'employer pour atteindre les facultés du contribuable.

Avant d'aller plus loin, il est bon de dire que la valeur locative est un des plus anciens moyens mis en usage par le fisc. Déjà au moyen âge, nous en retrouvons des traces dans l'imposition sur les fourneaux et les cheminées ; plus tard, les portes et les fenètres ont été frappées à leur tour. Ces diverses formes d'imposition ont certainement été l'origine du procédé employé, alors que l'on fixa l'assiette d'après la valeur locative.

La question à trancher maintenant, c'est-à-dire le rapport entre le loyer et le revenu, est incontestablement la plus difficile de celles que j'ai à résoudre. Elle est d'autant plus difficile qù'il n'existe aucun moyen de préciser les dépenses domestiques, de même qu'il est encore moins facilé d'établir une proportion absolue entre la valeur locative et les revenus. Néanmoins, on peut en déduire des données générales.

C'est ainsi que l'on sait que la valeur locative joue un rôle d'autant plus grand, que le revenu est plus petit. Cette constatation est confirmée par le fait de l'agglomération de la population dans les logements, ce qui est le signe de la pauvreté, tandis qu'elle disparaît avec l'aisance. Au contraire, chez les riches la valeur locative joue un rôle d'autant plus petit que les revenus sont plus grands.

D'où il résulte, en acceptant le loyer comme terme de comparaison, que le montant des grands revenus est estimé beaucoup plus bas qu'il ne l'est dans la réalité.

Jusqu'à présent, il semble que les économistes ne soient d'accord que sur un point, à savoir que la valeur locative ne doit pas absorber tous les revenus. On reconnaît généralement que plus les revenus sont élevés, plus petite est la part consacrée au loyer, et réciproquement.

Par contre des savants allemands (Engel, Schwabe, etc.) ont déjà avancé que, pour les familles pauvres, cette part représente le tiers du revenu. Or, un savant français a exprimé une opinion semblable à propos des millionnaires. Ici, je citerai les termes même que M. Paul Leroy-Beaulieu (1) a employés : « Il est faux, dit-il, que les personnes ayant de très grandes fortunes ne prélèvent qu'une très faible part de leur revenu pour leur logement. Le plus grand nombre d'entre elles, au contraire, n'emploient pas moins du quart, quelquefois même du tiers de leur revenu à leur habitation. »

Quant à moi, lorsque je cherche à découvrir les raisons qui ont inspiré l'auteur de cette citation, je suis obligé de croire qu'un rentier a dû poser devant lui, et qu'ensuite, il a dépeint tous les autres riches avec le même air et le même visage que ce modèle.

(1) Traité de la science des Finances, p. 170, t. I, 3ᵉ éd. Paris, 1883.

En tout cas, son argument peut tout justement convenir à une douzaine de rentiers, qui font exception à la règle. Et ces douze cas particuliers d'un aristocratique faubourg de Paris ne doivent pas être cités comme une incarnation d'un fait économique de toute la France.

Ces « pauvres riches » misérablement affligés de quelques quatre-vingts à deux cent mille francs de revenus annuels sont installés dans leurs hôtels, et l'on aurait la cruauté d'exiger d'eux qu'ils consacrassent un tiers de leurs revenus à leurs loyers ; mais ils se trouveraient aussitôt dans les conditions locatives du pauvre. Il n'y a pas, sans doute de raison empêchant ces singularités de se produire, mais leur imprimer le cachet d'un fait général serait assumer une responsabilité dangereuse.

Certes, le logement a une importance

extrême pour le rentier. Celui-ci ne cherche pas le monde et des relations ailleurs que dans son intérieur, et, par conséquent, l'habitation devient pour lui la chose principale à laquelle il sacrifie beaucoup.

En résumé, je ne veux pas discuter ici la somme que chaque individu doit consacrer à son logement ; mais, franchement, il est permis de faire remarquer la proportion immorale d'une dépense locative prélevant le tiers d'un grand revenu, ne fût-ce que pour démontrer que ces cas sont exceptionnels et ne doivent pas exercer d'influence sur les esprits sérieux. On se demande avec raison, devant un tel exemple, quelles seront les dépenses réservées aux voitures, chevaux, tailleurs, théâtres, bals, voyages, et, avec non moins de raison, l'on peut supposer que bientôt le jeu ou la galanterie, et les deux peut-être, seront appelés à solder les notes des fournisseurs et à combler les déficits. Or, l'État n'a pas à protéger l'immoralité ou…. la folie.

Mais il existe encore bien d'autres motifs qui empêchent que l'on s'occupe d'une particularité de ce genre. Ainsi, la construction ou l'achat d'une maison est souvent une économie pour une famille riche ; directement d'abord, parce qu'elle peut y réaliser plus de confort sans que la valeur locative soit augmentée; indirectement ensuite, parce qu'une installation dans sa propre maison ne court pas le risque auquel est exposée par la force des choses une installation similaire dans un appartement loué.

Mais laissons de côté ces points secondaires, pour entreprendre la réfutation de la possibilité d'une généralisation d'un cas fortuit.

Les rentiers ne forment pas le plus grand

noyau des riches ; au surplus, si l'on ouvre le « Dénombrement de 1881 », on verra combien il est impossible que cette classe de citoyens forme une fraction quelque peu appréciable de la population. En effet, le groupe considérable de ceux qui touchent de gros revenus ne se compose même pas de ces rentiers, mais bien des négociants, de tous ceux qui sont « dans les affaires ». Ce sont ceux qui encaissent les revenus formidables, inconnus et défiant le contrôle; donc certainement des gens ayant un budget domestique dans les règles, des gens qui ne dépensent jamais leurs revenus entièrement, agissant en cela comme tout le monde.

Mais ce point reste encore à être envisagé sous une autre face. Lorsqu'on défend la thèse incriminée, on parle toujours des valeurs locatives en général, et jamais de ces mêmes valeurs, telles qu'elles figurent au rôle des contributions. En ce qui a trait à ces dernières, je m'empresse de céder la parole à M. Paul Leroy-Baulieu lui-même. Il dit (1) : « Dans la pratique, on peut augmenter d'un tiers le chiffre administratif des grandes locations, peut-être même parfois de moitié. » Cette déclaration jette également un jour curieux sur la contribution mobilière existante.

Voulez-vous une preuve de l'ancienneté de cette misère des évaluations trop basses pour l'assiette ? Eh bien, M. de Hock, mon savant compatriote, a déjà appelé l'attention sur ce point, il y a trente années environ, et lui a attribué un rôle assez considérable dans la répartition de la contribution personnelle et mobilière.

Nous ne trouvons donc dans les rôles des

(1) Essai sur la répartition des richesses, etc. 2ᵉ éd., p. 209, Paris, 1881.

contributions que la moitié des valeurs locatives élevées. Prenons maintenant encore en considération ce fait. Combien de circonstances contribuent forcément à faire baisser proportionnellement le prix des grands appartements ? c'est ainsi qu'on a pu remarquer depuis quelque temps la diminution des gros loyers concurremment avec la hausse des petits.

La question serait de savoir si ces gens, les hommes d'affaires, imitent l'exemple extravagant cité plus haut. Evidemment non. Donc, ce qui demeure certain, c'est que chacun bâtit, achète ou loue un appartement, s'il possède la garantie que le prix de ce logement ne déséquilibrera pas l'économie de son budget domestique, ou s'il est sûr de l'avenir. Voilà le fait universel qui domine, chez les riches, la question de loyer, et non un cas anormal, tel qu'il peut se présenter dans un quartier unique de Paris.

Mais j'irai plus loin. Je prétends, au contraire, me rapprocher beaucoup de la vérité, en prenant tout justement le contre-pied de cette assertion. Dois-je appuyer mon dire par une preuve visible, tombant sous le sens ? Rien de plus aisé. Supposons qu'un homme vient de faire une rapide et brillante fortune. Supposons aussi, ce qui n'est point invraisemblable, que ce nouveau riche emploie aussitôt une somme propor-tionnée à l'édification d'un hôtel privé, dans lequel il réalisera toutes les conditions pro-pres à une habitation confortable et com-mode. Eh bien ! en vérité, osera-t-on insi-nuer seulement qu'en décuplant sa fortune, dans la suite, il décuplera également la grandeur et la valeur de son immeuble ? La question ne mérite même pas de réponse;

Cela dit, j'estime avoir péremptoirement
réfuté la thèse de l'existence appréciable
d'une classe de citoyens à gros revenus qui
puissent infirmer les règles générales relativement aux valeurs locatives, — j'estime,
dis-je, l'avoir péremptoirement réfutée en
théorie et en pratique.

Et vraiment, notre époque, avec les nombreux et délicats problèmes sociaux qu'elle
doit discuter ou résoudre, n'a pas pour
mission de favoriser toute une catégorie de
riches, sous le prétexte fallacieux qu'une
infime minorité pourrait être lésée. En agissant de la sorte, l'économie politique dont le
sens grec signifie : « art de diriger l'État »
deviendrait bientôt une science économique
de Faubourg.

Mais, m'objectera-t-on, cet impôt mobilier tant décrié par vous existe cependant et se
maintient. Oui, répondrai-je, mais regardez

à quelles conditions ! Est-ce que les sommes perçues à son sujet ne sont pas ridiculement insignifiantes ? Son assiette n'est-elle pas purement empirique ? Oui, et c'est même cet empirisme qui le livre totalement à l'arbitraire et le soumet aux perpétuelles fluctuations de la répartition, de même qu'il contribue beaucoup à le rendre possible. Donc ce qui est indéniable, c'est que sa base ménage au fond les riches, et fait peser le fardeau sur les classes moins aisées, ce qui est prouvé par les constatations que je viens de faire.

Enfin, je vais terminer par une réflexion que tout esprit non prévenu sera fatalement obligé de faire en lisant cet essai. Oui, si l'on considère, à la suite de cet exposé, qu'il existe en France un impôt assis sur le loyer absolu, qui ne tient aucun compte des circonstances, en d'autres termes, une contribution mobilière qui, en qualité d'impôt de l'État, est un impôt excluant ni plus ni moins la proportionnalité, sinon son existence même ; qui de plus établit positivement la disproportionnalité et l'inégalité dans la répartition des charges, de façon à écraser les petits et à ménager les riches, en offrant à ces derniers un cadeau permanent extorqué à la tire-lire des pauvres, et quelquefois aussi, hélas ! en leur retirant le pain de la bouche, il faut convenir que cet impôt est en contradiction absolue avec les vues économiques modernes en général, et avec la justice distributive en particulier, en même temps qu'il est une violation, depuis bientôt un siècle, de l'esprit et de la lettre des lois constitutionnelles,

IV

LA TRANSFORMATION DE LA CONTRIBUTION PERSONNELLE ET MOBILIÈRE EN UN IMPOT SUR LE REVENU.

Pour établir la proportionnalité dans la contribution mobilière, il suffit de s'en tenir aux faits exposés plus haut, et d'en tirer les conséquences.

. - Il ressort, d'après ces faits, qu'il est tout-à-fait impossible de conserver le loyer absolu comme base de l'assiette de cet impôt.

En revanche, ce même loyer absolu èst, grâce à son caractère et à sa nature, éminemment propre à servir de base à l'assiette d'une imposition de revenu, pourvu que, dans l'application, il soit tenu compte des

circonstances. Ce n'est que comme présomption que la législation fiscale de l'État pourra
se servir du loyer absolu pour établir l'imposition du total de revenu.

Dans quelle mesure peut-elle s'en servir?

Pour exposer les modifications que je
propose à cet égard, je pourrais procéder de
deux manières. D'abord il me serait facile
de donner à mon projet une forme hypothé-
tique et générale ; mais, lorsqu'il s'agit de
résoudre des questions pratiques, cette méthode ne me paraît pas la meilleure, et je re-
nonce à l'employer. Par contre, j'ai jugé
que, dans l'espèce, je devais me servir du
procédé analytique, et traiter ce sujet à un
point de vue spécialiste et concret.

Au nombre des voies qui se présentent
comme pouvant conduire à la proportionnalité dans la contribution mobilière, les procédés suivants me paraissent les plus pratiques :

La division de la valeur locative en classes, exemple :

1re classe au-dessous de fr.					499	
2^e	»	»	»	»	500 à	1199
3^e	»	»	»	»	1200 à	2499
4^e	»	»	»	»	2500 à	5999
5^e	»	»	»	»	6000 à	11999
6^e	»	».	»	»	12000 à	15999
7^e	»	»	»	»	16000 à	19999
8^e	»	au-dessus	»	»		20000

Une remarque maintenant pour servir à
l'intelligence de cette classification. Elle
s'efforce au fond de rapprocher d'une façon
équitable les revenus pris dans leurs grandes lignes. Cette définition est, je crois, suffisamment claire ; il n'y a rien.à ajouter.

La fixation de la présomption d'après les
diverses classes des valeurs locatives, dont
on pourrait prendre pour exemple la somme

de 100 francs de valeur locative de la

1re classe, à 100 francs de revenus.

2^e	»	» 200	»	»	»
3^e	»	» 300	»	»	»
4^e	»	» 400	»	»	»
5^e	»	» 500	»	»	»
6^e	»	» 600	»	»	»
7^e	»	» 700	»	»	»
8^e	»	» 800	»	»	»

On voit par ces chiffres que chacune des classes aura un autre coefficient pour la présomption des revenus, de sorte qu'aux classes de valeurs locatives énumérées plus haut se joindront des échelles de présomption variant selon le montant de ces valeurs locatives.

Il n'est pas besoin de posséder des connaissances spéciales pour tenir ce raisonnement : Pour un franc de loyer que je paie de plus que H., le fisc me range dans une classe supérieure, soumise à l'impôt dans des conditions tout autres.

Bien que cette disposition saute aux yeux, le lecteur n'apprendra pas sans intérêt qu'elle se produit constamment dans la législation fiscale. Aussi, pour remédier à une situation aussi injuste qu'injustifiable, voici ce que je propose. On ne paiera la cote plus élevée que pour le montant de son loyer qui dépasse la cote inférieure.

En supposant que la classe de 1200 à 2500 francs de loyer tombe sous la présomption d'un revenu double de la valeur locative et la classe immédiate de 2500 à 6000 francs, sous celle d'un revenu triple de la valeur locative, on ne présumerait pas, disons brutalement, pour une valeur locative de 3200 francs, le triple de cette somme en revenus, soit 9600 francs, mais bien 7100 francs en présentant de la façon suivante : 5000 francs pour 2500 francs de loyer à raison du revenu double de la valeur locative, et à 2100 fr. pour 700 fr. de loyer à raison d'un revenu triple de la valeur locative.

Cette méthode produit un enchaînement si rationnel des classes entre elles, que leur séparation perd de son importance, en ce sens, que la violation de la proportionnalité est écartée en fait, et que cette méthode rend insignifiantes les fraudes à propos de la création des classes.

Rien ne s'oppose donc à la classification. Mais il faut que ces classes de valeurs locatives et ces rapports de présomptions s'harmonisent de façon à ce qu'un léger surplus de loyer n'entraîne pas une surcharge fiscale disproportionnée.

Les coefficients qui viennent d'être indiqués ont pour but de mettre en lumière ces deux points, d'ailleurs indépendants l'un de l'autre.

D'abord le fait généralement admis qu'en France les petites gens sont déjà suffisamment grevés d'impôts, et que des ménagements apportés à cette source fiscale correspondent à la justice et sont de bonne politique.

Ainsi le but poursuivi par ma proposition, — j'insiste principalement sur ce point, — c'est de tenir compte des faits qui résultent de mon exposé relatif aux valeurs locatives élevées, et d'établir une échelle d'estimation en conséquence.

J'ai d'autant moins besoin d'insister ici sur un chiffre quelconque, que le caractère de ce mémoire est plutôt de faire ressortir certains principes économiques et de m'exprimer librement là-dessus, que d'indiquer les mesures précises auxquelles devra recourir le législateur. Malgré cela, je n'ai jamais évité de dire ouvertement ma pensée sur la manière dont j'entends l'application de cette loi.

Les échelles que j'ai établies ont surtout pour but de répandre quelque lumière sur le texte. L'importance capitale de ces échelles réside moins dans la manière dont elles sont présentées, que dans la méthode qui a inspiré leur confection. C'est pourquoi je proteste à l'avance contre toute appréciation de mon projet qui reposerait sur l'applicabilité ou l'inapplicabilité de ces échelles.

Et cela se comprend. Dès l'instant que leur valeur dépend du principe qui les a inspirées, et non d'elles mêmes, il devient imsignifiant de constater, que tel État pourrait se trouver mieux de la proportion 3: 40, tel autre de la proportion 5: 20, un troisième de la classification des valeurs locatives, et un quatrième d'une autre espèce de classification. Quant à la justification et aux conséquences du principe que je viens de poser, je déclare en accepter la responsabilité pleine et entière.

Cependant, en supposant même que le législateur possédât tous les éléments désirables, et qu'il eût tout pesé avec sagesse et raison, il lui serait encore difficile d'éviter certains obstacles et de vaincre toutes les difficultés. Mais ces inconvénients ne l'empêcheraient point de voter la loi, parce qu'ici pas plus que dans tout autre domaine, il ne saurait atteindre l'idéal rêvé, et bien moins encore, le réaliser dans toutes ses nuancés.

Il est naturel de penser que les partisans du statu quo, — pour des motifs faciles à saisir, — dirigeront principalement leurs coups contre la présomption et son échelonnement nécessaire, attendu qu'il leur sera aisé de découvrir des cas où la présomption tombera à faux. Et c'est pour une infime minorité de cas pareils que l'on prétendrait miner l'économie d'un excellent système d'impôt ? Cela n'est pas admissible.

Pour dissiper cette appréhension, je propose d'employer le moyen suivant. Le loyer absolu et la division en classes, en raison des localités et des valeurs locatives, ainsi que des rapports de présomption qui y correspondent, ne restent la base exclusive de l'assiette de cet impôt, qu'en tant qu'ils ne s'écartent pas de plus de 10 0/0 des revenus.

Quel est le dessein poursuivi par cette restriction ? C'est que les réclamations du contribuable, s'estimant victime d'une surcharge, et les revendications du fisc pour contribution insuffisante, soient toujours possibles, mais lorsqu'elles seront reconnues légitimes seulement dans le cas où ces surcharges et insuffisances s'écarteraient, de toute évidence, de plus du 10 0/0 des revenus, ou de tel autre taux que le législateur estimera plus judicieux.

Ainsi, chaque fois que le contribuable prouvera que ses revenus sont de plus de 10 0/0 inférieurs à la taxe présomptive, il sera autorisé à réclamer. De son côté l'Administration sera en droit de l'imposer, non d'après la présomption, mais d'après les revenus dont elle aura constaté l'existence, chaque fois que ces revenus seront supérieurs de 10 0/0 à ceux de cette taxe présomptive. Si le contribuable admet la revendication administrative, tout est dit ; s'il ne l'admet pas, l'autorité aura le devoir de justifier sa conduite en fournissant la preuve de ses allégations.

Tous ceux qui sont au courant du fonc-

tionnement réel du mécanisme administratif dans les pays civilisés, doivent comprendre que ce procédé ne s'écarte que rarement.
des points de repère connus, la valeur locative, dans l'espèce. Pour mon compte, il me
serait aisé au moins de citer des faits nombreux à ce sujet dans la bureaucratie autri-
chienne. Mais je me borne à dire qu'il serait
à souhaiter que, dans le maniement de cet
impôt, le fisc apportât plus de liberté dans
l'action et plus de dextérité dans l'application, c'est-à-dire qu'il fût moins esclave de
formules invariables.

Par conséquent, on ne bénéficiera plus de
l'exemption de l'impôt par le seul fait que
la valeur locative du logement sera inférieure à celle exonérée par le fisc, mais seulement lorsqu'on aura les revenus présumés
de cette classe de loyers. Mettons, par exemple, 2,000 à 2,500 francs par an, selon cer-

taines circonstances à définir. Eh bien ! aussitôt que les revenus dépasseront ces derniers chiffre, le locataire dont il s'agit sera immédiatement mis en demeure de supporter l'impôt dans la mesure de son revenu moyen et approximatif.

Il en est de même avec les autres classes des valeurs locatives et présomptives déterminatrices des revenus, tant qu'elles ne montent pas à plus de 10 0/0 en plus, ou qu'elles ne descendent pas à plus de 10 0/0 en moins, des revenus présumés. Mais il serait superflu de multiplier des exemples dont le nombre est infini : il est plus utile, selon moi, de déclarer tout simplement qu'en peu de temps il se créera, à propos de cet impôt également, une pratique administrative, telle qu'elle existe pour toutes les autres contributions.

La grande signification, ou mieux, le

grand avantage du moyen que je viens de développer c'est qu'il préserve le contribuable des surcharges, en même temps qu'il incite l'administration à répartir l'impôt avec la plus grande équité.

C'est pourquoi le législateur verra, dans ces deux oppositions, une garantie de nature à compenser largement toutes les imperfections possibles de cet impôt ; car les conséquences heureuses en ressortent avec éclat. D'abord, une présomption, quelque peu judicieuse, se justifie d'elle-même, et partant, n'offre plus d'inconvénients. Ensuite, le législateur se trouve en présence d'un champ libre, au sujet du rapport de présomption nécessaire à cet impôt. Et ce point est d'autant plus utile à consigner qu'une échelle trop peu ascensionnelle des rapports de présomption est naturellement moins équitable qu'une échelle qui l'est davantage.

Nous arrivons maintenant à la valeur locative considérée au point de vue pratique.

D'abord, il y a lieu d'examiner la situation du logement dont l'importance varie dans la même ville, selon les quartiers et les étages, ou selon qu'il se trouve dans les cours ou sur la rue, etc. Mais cette importance n'existe que pour les locataires et non pas pour la fixation de l'assiette, qui s'établit d'après les prix du loyer.

Mais elle devient capitale, lorsque c'est la différence de situation qu'il y a entre une petite et une grande commune qui fait la différence du loyer. Les raisons de cette différence sont trop évidentes pour qu'il soit opportun de les énumérer, attendu qu'elles finissent toujours par s'accuser dans le chiffre de la population. Car pour cette étude, tout est là, puisque c'est du chiffre d'habitants que dépendent les prix des loyers.

La question du correctif à apporter à ces prix dans les villes par rapport à leurs chiffres d'habitants, ne peut pas présenter de grandes difficultés, puisque des tentatives analogues ont eu déjà lieu en France. C'est ainsi qu'à Paris, l'on distingue du loyer réel, le loyer matriciel, véritable base de l'assiette de l'impôt, se composant des quatre cinquièmes de ce même loyer réel. Toutes les autres grandes communes s'efforcent également d'établir ce qu'elles s'imaginent être la péréquation de leur base d'impôts avec celle du reste du pays, et dont ni le terme ni la signification n'ont de portée dans un impôt de répartition.

A mon avis et en thèse générale, une trop grande série de classes différentielles, tout en tenant compte pour l'assiette de l'impôt, ne peut guère se recommander.

En effet, les séries étant trop nombreuses,

partant trop petites, il pourrait fréquemment
se produire, vu les moyens de communica-
tion de notre temps, des déplacements d'habitants ; ensuite, il adviendrait qu'en raison
de ces adjonctions et soustractions, qui
pourraient se répéter subitement, la population perdît, par ce fait, son classement ori-
ginaire relativement à l'assiette de l'impôt.
Ce serait là un inconvénient grave, abstraction faite des tracas que cette multiplicité d'e
séries causerait à l'administration.

Je pense donc que le classement basé sur
un petit nombre de séries est de beaucoup
préférable. Au surplus, à en juger par le
recensement de 1881, ce classement s'opére-
rait le plus commodément par séries de localités :

au-dessous de 10,000   habitants.
        id.   10,000 à 35,000   id.
        id.   de 35,000 à 90,000   id.
et au-dessus de 90,000   id.

De même qu'il existe des différences provenant du chiffre des habitants, lesquelles ont constitué des lignes de démarcation entre les villes, de même une différence s'accuse dans tout le pays entre la population des villes et celle des campagnes :
celle-ci est surtout marquée par le loyer qui
est un des criteriums les plus caractéristiques
lorsqu'on veut différencier la ville de la campagne.

La campagne se reconnaît à l'absence de
la location ; par contre, partout où, dans une
certaine mesure, l'on connaît la location, on
peut supposer la ville. La différence entre la
ville (1) et la campagne est donc facile à
constater par le loyer.

Mais le loyer étant presqu'inconnu dans

(1) Il va sans dire que l'auteur n'apprécie pas l'importance des communes d'après leurs titres officiels.

les campagnes, l'impôt proposé y perdrait sa base qui est cette valeur locative.

Il n'en serait pas ainsi si nous avions adopté, à ce sujet, les vues de M. Paul Leroy-Beaulieu (1), qui s'exprime en ces termes : « Quant à la répartition... du contingent communal... elle est faite d'après une matrice qui indique tous les habitants... et qui contient aussi l'estimation de la valeur locative des locaux affectés à l habitation personnelle... Le contingent de la commune est réparti entre les contribuables portés sur la matrice... d'abord en taxes personnelles, puis, pour le surplus, en taxes mobilières, proportionnellement à la valeur des loyers d'habitation ».

Cette répartition nous paraît tout simplement impossible à la campagne, et on peut,

(1) Traité de la science des Finances, p. 389, t. I, 3ᵉ éd., Paris, 1883.

semble-t-il, citer, en faveur de cette opinion, les divers arrêtés du conseil d'Etat, ayant trait au § 4 de l'art. 17 de la loi du 21 avril 1832. Ces arrêtés ne font que répondre à l'attente générale, en disposant qu'à la campagne on n'est pas forcé d'établir l'assiette exclusivement sur la valeur locative, mais que l'on peut y procéder aussi d'après d'autres indices déjà consacrés avant 1832.

Car, en réalité, la fixation de la valeur locative à la campagne, où il n'y a pas de loyers d'habitation, —fait connu d'ailleurs, — ne serait pas seulement presque impossible, mais elle donnerait encore lieu à des conflits incessants entre l'administration et les contribuables. Pour ces raisons, on a dû avoir recours à d'autres moyens pour établir l'assiette.

C'est surtout dans les communes rurales que l'on a assis l'impôt, non pas sur la valeur locative, mais sur la fortune ou le revenu présumé du contribuable.

Je peux donc avancer, à cette heure, que ce qui a semblé tout d'abord se dresser comme un obstacle contre ma proposition, y apparaît maintenant comme le plus favorable des acheminements en faveur de son succès ; car dans la partie de la France où l'on se sert de cette base, c'est-à-dire dans les campagnes, existe et fonctionne déjà l'impôt ayant la présomption pour base, savoir le mode d'imposition que je propose d'étendre à tout le pays.

Il résulte de ce fait une conséquence extrêmement importante pour la campagne : c'est qu'elle pratique déjà mon projet et qu'elle n'aura qu'à le compléter par l'établissement d'une assiette nouvelle et minutieuse des contribuables et des revenus présumés.

Le point que nous allons examiner maintenant a une importance majeure pour le rendement de l'impôt proposé. Le contribuable ne doit plus être frappé, comme cela a eu lieu jusqu'ici, pour un logement unique, à l'exclusion de toutes les autres habitations imposables qu'il peut posséder, et à l'endroit même où se trouve le susdit logement, mais il doit être frappé pour toutes ses habitations, et uniquement là où se trouve sa principale demeure.

Ce serait méconnaître complètement l'esprit de l'impôt proposé, si l'assiette ne devait pas être faite d'après la valeur locative centralisée, de façon à ce qu'elle se rapporte à la seule et même personne. Il va de soi, que ce n'est pas une des habitations qui pourra fournir la présomption à l'égard du contribuable, mais bien toutes celles qui lui appartiennent. Et c'est pourquoi il est urgent de connaître, au lieu de sa principale résidence, toutes ses autres valeurs locatives.

La chose s'explique toute seule : en effet, le contribuable qui met 10.000 francs à son loyer dans une grande ville, 3.000 francs pour sa maison de campagne, et peut-être un autre millier de francs encore ailleurs, a certainement une position économique bien différente des trois contribuables qui paieraient simplement l'un 10.000, l'autre 3.000 et le dernier 1.000 francs de loyer.

D'après mon projet, le contribuable qui occupe, à lui seul, ces trois logements, appartient à la catégorie des personnes ayant 14.000 francs de loyer annuel, c'est-à-dire qu'aux divers endroits qu'il habite, les 10.000, aussi bien que les 3.000 et les 1.000 francs, seront considérés comme s'ils appartenaient tous à la catégorie des 14.000

francs de loyer. Il est absolument nécessaire de procéder de la sorte, si l'on veut obtenir une proportionnalité réelle.

Cette réunion des divers loyers nous semble d'autant plus équitable, que dans la catégorie des locataires aisés, occupant plusieurs habitations, il y en a un assez grand nombre qui louent en ville de modestes appartements, à bon marché, précisément, parce qu'ils vivent une bonne partie de l'année dans leurs villes, en province ; en un mot, dans l'une ou l'autre de leur deuxième ou troisième demeure.

Et qu'on en soit bien convaincu, cette manière d'asseoir l'impôt ne portera nul préjudice aux départements et aux communes ; au contraire, elle leur sera profitable en ce sens qu'ils percevront davantage.

Cependant, et malgré toutes ces précautions, le fisc perd complètement la partie des valeurs locatives indigènes qui existent à l'étranger. Abstraction faite du peu d'importance de ces dernières, l'État peut d'autant plus facilement en faire son deuil, que tous les revenus tirés de l'étranger doivent nécessairement s'accuser dans les valeurs locatives de l'intérieur. C'est là un avantage de l'assiette de l'impôt sur le revenu, basée sur la valeur locative relative, qui ne sera jamais l'apanage de cette sorte d'impôt personnel réel, et dont l'importance est immense à cause du mouvement gigantesque qui caractérise notre époque.

Il est évident que cette centralisation des valeurs locatives nécessitera des dispositions administratives particulières ; mais elles sont si peu considérables, qu'elles ne sauraient soulever des objections sérieuses.

Le travail de la gestion financière n'est accru que par les détails que voici : Tout contribuable a un lieu de principale habitation ; mais dès qu'il occupe d'autres logements, situés ailleurs, il s'agira de connaître cette demeure principale. Les valeurs locatives pour chaque contribuable devront être communiquées, non au moyen des rôles, mais de feuilles détachées, des résidences accessoires ou secondaires au lieu de l'habitation principale. L'administration de l'endroit où se trouvera cette dernière, notera sur la feuille détachée dont il s'agit, le total des diverses valeurs locatives du contribuable, et les renverra, après en avoir pris copie, aux sources dont elle les aura reçues.

Ce procédé est en usage, pour d'autres matières imposables bien plus compliquées, en Prusse, en Saxe, en Bavière, mais tout particulièrement dans les divers États de la grande République transatlantique, où on le rencontre à chaque pas, sans qu'il offre le

moindre obstacle aux administrations respectives. Au surplus, étant d'une grande
simplicité, il n'y a rien à redouter à son sujet, ce qui, d'ailleurs, est prouvé par la fré-
quence de son application. Aussi n'y a-t-il
pas à craindre de la résistance, contre la ma-
nipulation proposée, auprès d'une administration reconnue pour son habileté consom-
mée.

Le renouvellement annuel de l'assiette qui,
à la vérité, existe déjà pour la forme, est indispensable, par suite des fluctuations du
mouvement moderne, qui apportent des
changements si fréquents de personnes et de
lieux, de même que de nombreuses et notables modifications dans les revenus et les
fortunes.

En effet, un impôt sur le revenu basé sur
la valeur locative relative doit tout particulièrement reposer sur des données certaines,

et celles-ci ne peuvent s'obtenir qu'à l'aide de constatations annuelles, seules aptes, en se conformant aux habitudes en matière de logement, à fixer les rapports entre les loyers et les revenus. Et certainement un fonctionnaire capable se familiarisera d'année en année avec le mécanisme de cet impôt, et il s'efforcera d'en rendre l'assiette de plus en plus juste et exacte.

Dans le renouvellement de l'assiette, il ne s'agit donc, — qu'on l'entende bien, — ni d'une simple formalité ne touchant pas le fond des choses, ni de la conservation des mêmes errements, mais d'exercer l'esprit du fonctionnaire et de le rendre plus pénétrant et plus perspicace. L'établissement périodique d'une assiette est un procédé qui se renouvelle tous les ans pour les impôts personnels réels dans beaucoup d'États, et, même pour la contribution foncière des pro-

priétés bâties, en Aûtriche, sans là moindre
difficulté.

Il est clair que c'est là l'unique façon de
posséder finalement une assiette réellement
satisfaisante, ce qui est déjà un grand avantage. Mais il en est encore un autre digne
d'être mentionné, c'est le peu de frais qu'oc-
casionne l'assiette annuelle, vu l'insignifiance des travaux préparatoires.

Voilà donc des résultats qui assurent à la
périodicité annuelle une prééminence marquée sur la périodicité de plusieurs années.
Je pense qu'en voilà assez sur ce chapitre,
aussi précis quant à son but que facilement
applicable quant aux moyens.

On sait qu'en France la contribution mobilière se confond tellement avec la contribution personnelle qu'il devient à peu près
impossible de déterminer la proportion dans
laquelle ces deux contributions concourent

aux 69 millions de francs que rapporte cet impôt, d'après les prévisions du budget de 1886. En conséquence, il est tout naturel de prédire qu'un semblable amalgame d'impôts, complètement inconnu dans d'autres États, n'a aucun avenir, et qu'il est inadmissible de prétendre continuer à mêler matériellement ces deux impôts.

Et qu'on ne m'objecte pas la contradiction apparente de cette opinion avec le fait de laisser ces deux impôts réunis dans le même titre, à seule fin de ménager les usages reçus : car, quoi de plus aisé que de définir la contribution personnelle comme un complément de la contribution mobilière, et notamment par rapport à ceux qui sont exemptés des impôts.

En effet, si l'on se reporte à ce que je dirai au sujet du minimum du loyer à exempter de la contribution mobilière, on ne pourra guère s'étonner de ce que je n'ai rien à opposer au principe de la contribution personnelle : d'ailleurs, c'est là un impôt très en vogue dans les pays soumis au régime démocratique, ainsi que le prouve l'exemple de la Suisse et les États-Unis.

Cette contribution ainsi conçue a pour objet de frapper le revenu, sans distinction d'origine, de toutes les personnes. Elle doit atteindre le rendement des fortunes ainsi que tous les produits quelconques, de quelque genre qu'ils soient. Elle atteindra donc le produit des biens meubles et immeubles, du travail manuel et intellectuel, celui des droits et privilèges, etc., etc., mais, en même temps, elle ne frappera tous ces revenus que par à peu près et approximativement.

Je dis à peu près et approximativement, parce que cet impôt ne vise pas l'ensemble véritable des facultés des individus, c'est-à-dire la situation personnelle comprenant l'actif, le passif, etc., mais uniquement la moyenne des revenus présumés tels qu'ils se trahissent par certains signes extérieurs, les facultés moyennes ; parce que je ne prétends pas, pour percevoir cette imposition, avoir recours aux mesures inquisitoriales, mais bien confectionner l'assiette d'après des indices extérieurs seulement.

Mais aujourd'hui, quand on parle d'un impôt sur le revenu, on y attache involontairement l'idée d'un impôt équitable ou, pour traduire ma pensée en langage plus moderne, on y associe habituellement l'idée de la poursuite d'un but social. A mon avis, je n'hésite pas à confesser qu'en France cet impôt n'échappera pas non plus à cette association d'idées ; et cela pour des raisons bien simples. D'une part, les petits revenus

sont déjà surabondamment frappés d'impôts
de toute espèce ; d'autre part, ce sont précisément ces petits revenus qui représentent
le côté fâcheux de l'ordre économique et social au milieu duquel nous vivons. Car ces
revenus ne servent, en effet, le plus souvent qu'à entretenir la lutte pour l'existence,
laquelle pourvoit tout au plus au minimum
des besoins de la vie, qu'elle étiole souvent
à cause de son intensité dans le présent et
de l'incertitude où elle laisse l'avenir.

Il y a là, ce me semble, suffisamment de
raisons, pour exempter ces revenus de l'impôt. Cependant il ne faut pas que les exemptions de cette nature atteignent des chiffres
trop élevés. D'abord, parce que l'État a besoin, pour ses recettes, de ces sommes peu
considérables, il est vrai, mais dont le nombre est très grand. Ensuite, parce qu'il est
d'un bon effet, sous le rapport politique,

d'assujettir les contribuables à un impôt direct.

M'étant déclaré partisan de l'exemption
pour un certain minimum de valeur locative, l'équité, aussi bien que les raisons
multiples que j'ai exposées en faveur de
cette opinion, demandent également que
l'on ait des égards pour les valeurs locatives
voisines des loyers exemptés de l'impôt.

Ces égards se justifient, au reste, par l'é-
tat économique de cette catégorie d'habitants, qui a cessé de redouter la terrible incertitude des revenus, mais qui confine justement à celle qui lutte pour l'existence.
Ajoutons, que c'est précisément sur cette
catégorie de contribuables que les soucis
domestiques pèsent le plus.

Beaucoup d'autres motifs encore pourraient être pris en considération ici, comme
par exemple, le chiffre des membres d'une

famille etc. En premier lieu je les écarterai parceque leur contrôle serait un surcroît de besogne pour l'administration ; ensuite, à cause de l'insignifiance de la diminution de l'impôt à laquelle on aboutirait. Il est certain cependant qu'un État qui serait désireux d'accorder une prime d'un nouveau genre, c'est-à-dire à la procréation, aurait une belle occasion de tenir compte, dans l'assiette de l'impôt, du nombre des enfants dans les familles.

Abstraction faite de la réduction proportionnelle des différences produites par l'importance relative des communes, je dirai que les loyers aptes à jouir de l'exemption totale de l'impôt ne devront pas dépasser 4 à 500 francs, et ceux pour lesquels je conseille des ménagements, 2,500 francs.

Cette dernière faveur s'appliquerait de deux façons : soit en défalquant de leur

total les 4 à 500 francs ou, une partie seulement de cette somme exemptée de l'impôt,
d'après une échelle régulièrement établie,
soit en accordant des coefficients plus élevés
aux valeurs locatives tel que l'établit mon
échelle.

- Un des résultats que le projet qui précède
fait logiquement ressortir, sera d'établir une
démarcation plus nette entre les charges fiscales imposées par l'État, et celles dont pro-
fitent les communes (Départements, Arron-
dissements, Communes).

Cette séparation, je dois l'avouer, est
tout naturellement conforme à ma manière
de concevoir les impôts.

Comme je tiens à être bref, je ne vais
qu'effleurer cette théorie encore un peu à
'état inculte.

En général, la commune n'a que des
visées économiques. Partant, elle a le droit

6

d'imposer les habitants à raison de leur intérêt à la chose commune. Quant aux impôts de l'État, il y a bien longtemps qu'ils ne sont plus justifiés par le seul intérêt de l'individu, et qu'il y faut ajouter d'autres motifs qu'il serait trop long d'énumérer ici.

D'après ma proposition, l'État est autorisé à procéder à l'imposition des revenus en vertu de rapports de présomption reposant sur la valeur locative absolue ; tandis que la commune peut seulement revendiquer pour elle le droit de se servir de la valeur locative comme base de l'assiette, d'après le montant absolu de cette valeur locative et non pas sa présomption.

Voici la raison de cette différence : C'est que la valeur locative est l'indice de l'intérêt dont l'habitant est animé pour la commune. Cet intérêt est en rapport direct avec la valeur locative. Et c'est à cause de cela que la commune a seulement le droit de prendre, pour base d'assiette des charges imposées par elle, la valeur locative absolue.

Mon essai d'un impôt, ayant pour point de départ la présomption selon la valeur locative relative, ne devra donc s'appliquer qu'à l'État, et laisser dehors les charges imposées par les communes qui auraient, comme par le passé, à conserver le loyer réel comme base à leurs dispositions.

L'opportunité de la séparation des deux charges fiscales respectives est donc clairement démontrée en théorie ; quant au point de vue de la pratique, les faits eux-mêmes se chargent de réclamer en faveur d'une séparation plus radicale entre les impôts de l'État et ceux des localités. En effet, à l'heure présente, les budgets de ces dernières rivalisent sérieusement avec celui de la nation. Mais comme il n'y a aucune chance d'alléger l'un et l'autre de ces budgets, il devient tout simple, et prudent à la fois, de mettre les communes à même d'avoir la disposition plus libre de leurs recettes, comme elles l'ont déjà à l'égard de leurs dépenses.

Cette séparation des impôts de l'État et des impositions des communes vaudra d'autant mieux que la responsabilité de ces dernières à propos de leurs budgets deviendra par suite plus considérable, et que la suprématie de l'État en matière d'impôts ressortira plus clairement de cette séparation. Alors il sera possible, — ce qui n'est pas le cas aujourd'hui, — dans la contribution mobilière, de déterminer d'une façon générale pour toute la France la part de chaque contribuable dans la contribution proposée. De cette façon, on évitera, ou l'on devra éviter qu'un facteur aussi important que l'impôt soit réglé, au nom de l'État, par les communes, quand il ne l'est pas par la routine. Et, de fait, la suprématie et la dignité de l'État réclament que les modes de l'assiette soient déterminés par ses propres organes, le parlement et le ministère, dans les impôts de répartition et de quotité. Dans ces conditions, il devient impossible que la législation fiscale provoque ou entretienne cette confusion dangereuse dans les impôts comme dans les autorités de l'État et des communes, ainsi que cela a eu lieu jusqu'à nos jours.

Aussi le rachat des impôts de l'État par les communes tel qu'il s'effectue pour la contribution personnelle et mobilière en vertu du § 1 de l'article 20 de la loi du 21 avril 1832, — ce qui est un retour au moyen âge, — devient absolument impossible dans ces conditions.

Mais cette séparation n'aura pas, non plus, pour effet de porter préjudice aux commu-

nes. Au contraire, elles y gagneront indirectement, par l'établissement à nouveau de
l'assiette, par son renouvellement annuel,
d'où sortiront nécessairement des bases toujours plus larges et plus exactes ; et par la
centralisation, qui fera rentrer dans le domaine de la taxation bien des valeurs locatives. n'y ayant pas figuré autrefois, et dont
elles tireront d'autres avantages encore.

Quant à la répartition de la contribution
mobilière, je ne pense pas qu'il y ait lieu
provisoirement d'y apporter des modifications. Naturellement, il faudra procéder à
un nouveau recensement général, pour lequel l'expérience acquise dans les recense-
ments antérieurs sera d'une grande utilité.
Car M. de Hock, et avec lui tous les économistes français, ont déjà constaté combien
la répartition de la contribution personnelle
et mobilière se faisait inégalement dans les

départements, et l'accroissement de l'impôt n'aurait donc d'autre résultat que l'accroissement des inégalités dans la répartition.

La répartition n'est, au reste, compatible qu'avec des objets imposés peu susceptibles de modification, ce qui n'est pas le cas avec les revenus. En conséquence, il est facile de prévoir que les contribuables, eux-mêmes réclameront bientôt, pour cet impôt, la suppression de la répartition, et son remplacement par la quotité. Je n'aurais, d'ailleurs, rien à objecter contre ce souhait.

Cela me mènerait trop loin de mettre en regard des graves inconvénients, les petits avantages de la répartition. Et bien que je sache, qu'après 1830, la contribution mobilière, en tant qu'impôt de quotité, n'a pas réussi, je n'en persiste pas moins à le recommander, car la situation est bien différente aujourd'hui de ce qu'elle était il y a

un demi-siècle. Étant données les opinions
qui ont prévalu depuis, en matière de droit,
le contribuable n'a plus aucune raison de
suspecter les intentions de l'État à son égard.
D'un autre côté, celui-ci est suffisamment
armé pour effectuer la rentrée des impôts. Il
résulte donc de ce nouvel état de choses
que ce que la répartition présentait alors
d'avantageux en constitue précisément aujourd'hui le côté le plus fâcheux.

En effet, l'avantage qu'y voyait le contribuable, c'était de pouvoir se soustraire aux
charges arbitraires, sinon illimitées ; au
contraire de nos jours, la répartition produit
justement ce qu'en principe elle devait em-
pêcher, c'est-à-dire la distribution inégale
et inique de ces charges, attendu qu'on ne
saurait la plier aux conditions économiques
soumises aux brusques changements qui sont
un des signes caractéristiques de notre
époque.

Lorsqu'on invoque constamment, comme preuve de supériorité de l'impôt de répartition sur l'impôt de quotité, le pouvoir de réclamation accordé au contribuable par la première de ces contributions, on mesure, ce me semble, à une même échelle deux choses parfaitement opposées. Dans un impôt de quotité, les dépenses occasionnées par la répartition de l'assiette sont insignifiantes, tandis qu'elle absorbe des centaines de millions pour la plupart des impôts de répartition. Certes, le petit nombre des réclamations relativement à l'impôt de répartition et par conséquent l'insignifiance de leur coût n'ont rien d'étonnant, mais qui osera prétendre que les cas de réclamation plus fréquents provoqués par l'impôt de quotité soient de nature à compenser les sommes immenses englouties par les impôts de répartition ? Personne assurément. Ainsi l'objection tirée de la réclamation n'est pas d'un poids tel qu'il fasse pencher la balance du côté de la répartition.

Malgré tant de bonnes et sérieuses raisons en faveur de la quotité, je suis néanmoins partisan de laisser subsister provisoirement le mode de répartition pour l'impôt dont il s'agit, et voici les motifs de cette détermination : d'abord, cet impôt peut être créé en moins de temps ; ensuite le maintien de la répartition dissipera certaines appréhensions qu'il pourrait provoquer.

Chaque chose est désignée par un nom. C'est pour cela que je dois encore dire un mot de la dénomination de l'impôt en question. Il existe beaucoup de gens qui ne seraient pas fâchés de se borner à modifier nominalement le titre de la contribution mobilière. Les uns voudraient la désigner sous celui de « taxe d'habitation », les au-

tres, sous celui d' « impôt sur le loyer » etc.
Mais, comme prudence politique et financière, ces termes sont loin de valoir le titre de : « contribution mobilière ».

En effet, ces expressions ne désignent que l'objet sur lequel devra porter l'impôt, tandis que celle de « contribution mobilière » n'englobe pas seulement toutes les notions que les autres contiennent ou peuvent contenir, — l'exemple de la France en fait foi, — mais qu'elle est encore susceptible d'un énorme développement relativement aux objets qu'elle vise ou qu'elle atteint, demeurant ainsi la fidèle expression de ce que l'on veut réellement désigner.

Et quand on songe à ce qu'il en coûte pour familiariser le public avec le nom d'un impôt, il faut avouer que ce n'est point là un avantage à dédaigner, et qu'il com-

pense au delà telle ou telle petite inexacti-
tude que pourrait comporter le titre.

En supposant néanmoins que l'on quali-
fiât, dans le but de répondre à certaines
attentes, ma contribution, d'« impôt sur le
revenu », il n'y aurait, en principe, rien à
objecter.

A mon sens, il est maintenant démontré
en toute évidence, que l'impôt que je dé-
fends possède les avantages de l'impôt personnel, sans en avoir les inconvénients. Je
vais plus loin encore, et je dis même qu'il
contient en germe la solution du problème
de l'impôt sur le revenu en France.

V

LES RÉSULTATS DU NOUVEL IMPOT.

Comme pour tout autre impôt direct, l'application nécessite également ici une triple constatation.

1° Celle de la personne même du contribuable ;

2° Celle de la matière imposable ;

3° Celle du taux de l'impôt respectif.

Or, ces trois constatations ne peuvent être qu'imparfaitement examinées par moi, en raison du caractère particulier de la contribution proposée

D'abord cette contribution n'est pas un impôt personnel réel, mais bien un impôt frappant la personne désignée par l'objet :

dans cette occurence, ceux-ci se confondent
ou résultent réciproquement l'une de l'autre;
la personne étant le locataire et l'objet son
loyer. D'autre part, comme cette contribution constitue d'abord un impôt de répartition, le résultat en est que le taux de l'impôt
ne se détache pas assez nettement.

Il ne me reste donc plus, pour établir la
base nécessaire à l'impôt, que de trouver la
matière imposable, soit les valeurs locatives
pour toute la France.

On s'imaginerait aisément qu'une matière imposable exploitée depuis un siècle, —
le loyer est dans ce cas pour la France, — a
dû être l'objet de vastes études scientifiques.
Il n'en est rien toutefois, et dans le cours de
ce travail je n'ai pu m'appuyer sur aucune
étude antérieure se rapportant au loyer. De
plus, en procédant à l'évaluation de la base
totale de l'impôt mobilier pour toute. la--

France, je ne suis pas à même de pouvoir citer un seul ouvrage de statistique, ou n'importe quel autre traité scientifique, s'occupant de cette matière.

En dehors des généralités verbeuses qui se répètent partout et toujours, je n'ai trouvé à consulter avec fruit que les documents statistiques contenus dans le « Relevé des valeurs locatives d'habitation comprises sur les rôles de la contribution mobilière de la ville de Paris, en 1884, » lesquels ont été recueillis et coordonnés par le service de la commission des contributions directes de la ville de Paris (1).

Il serait cependant bien facile d'établir cette base. Pour cela il n'y aurait qu'à réunir les valeurs locatives figurant déjà sépa-

(1) Ils ont aussi été insérés dans le « *Bulletin de statistique et de législation comparée* » Paris, 1884, p. 570-81.

rément sur les rôles des contributions de chaque commune. Eh bien! Cette opération n'a jamais été tentée, au grand désespoir du monde scientifique, car cette base permettrait d'envisager d'un seul coup, non seulement les revenus, mais aussi la répartition des revenus de la nation française.

Quoiqu'il en soit, il m'a fallu, mon projet reposant sur un fait réel, m'efforcer de combler cette lacune imprévue.

Je vais donc établir ce total des valeurs locatives, que j'ai évaluées à 1500 millions de francs.

Cette somme à laquelle je m'étais arrêté, après avoir consulté les différents rapports de la Chambre des Députés sur les contributions diverses, et en faisant d'autres rapprochements, m'avait d'abord paru répondre à la situation. Mais ensuite, pour être plus certain de mon point de départ, j'ai

cru devoir m'en rapporter, pour préciser
cette évaluation, à la publication sus-men-
tionnée.

A en juger par ce travail, nous trouvons
dans la capitale seule une valeur locative imposable de 304,700,000 francs, somme qui
donne une moyenne de 126 francs (1) par
habitant, et par an.

En défalquant du total le chiffre de la
valeur locative existante pour Paris, je
trouve un loyer de 1,195,300,000 de francs
et une population, Paris excepté, de
35,403,000 d'habitants, c'est-à-dire une
moyenne de valeur locative de 34 francs à
peine par tête de la population.

Mais, en déduisant encore les 8.096.239 (2)
habitants des villes au-dessus de 10.000

______

(1) Déduction faite de la valeur locative des logements vacants.

(2) Ibidem, p. 42-47.

âmes du total des habitants de la France, soit 37.672.048 (1) ; en déduisant, en outre, du total de la valeur locative de la France : 1° le loyer calculé d'après le loyer réel de Paris, qui est de 286,562,000 de francs, il reste pour les autres 29,570,000 d'habitants une valeur locative approximative de 477,500,000 francs. Cela donne une moyenne de 16 francs 15 c. par tête pour la population des communes comptant moins de 10.000 habitants ; 2° le loyer calculé d'après le loyer matriciel de Paris, qui est de 229,249,000 francs, il reste pour le même chiffre d'habitants une valeur locative approximative de 682,010,000 francs, ce qui donne une moyenne de 23 francs 06 c. par tête de la population française, dans les bornes indiquées ci-dessus.

(1) V. Résultats statistiques du recensement de 1881, Paris, 1883, p. 40.

En général, il y a, d'après mes calculs, une valeur locative moyenne en France de :

200 francs pour chaque maison, et à peine de 40 francs pour chaque habitant.

Si j'ai une crainte au sujet de ces chiffres, c'est de les estimer au dessous de la réalité. Je crois même ne pas m'avancer beaucoup en affirmant qu'un recensement minutieux des loyers en France, opéré d'après un plan et un principe uniformes, aurait pour résultat d'établir, preuves en mains, un chiffre d'un tiers plus élevé que le mien. Ainsi, l'homme d'État le plus timide pourra admettre en toute assurance cette somme de 1500 millions comme un minimum poussé à ses dernières limites.

Une partie de ce difficile problème étant résolue, il me reste maintenant à en démêler les points les plus épineux. En effet, ma tâche devient ici malaisée, car l'absence de documents est de plus en plus complète. Je dois néanmoins faire ici une exception pour le recueil de la commission des contributions directes de la ville de Paris, que j'ai déjà eu l'occasion de louer plus haut, et qui m'a permis de me rendre compte de la répartition des valeurs locatives à Paris.

Toutefois, comme il me faudrait abandonner mon entreprise, si je n'abordais le chapitre de la répartition concrète du total des valeurs locatives, je me vois dans la nécessité de défricher ce terrain aride, avant de procéder au développement de ma proposition.

Or, d'après cette publication, la valeur locative totale des habitations imposées ou imposables de la capitale, comprises au rôle de 1884, est de 286,562,175 francs, qui se répartissent de la façon suivante, savoir :

Montant des valeurs locatives (réel) de		Nombre des locaux d'habitations imposés.		Rapports proportionnels du montant total des valeurs locatives		
Francs		1884	1886	0/0	1884	1886
1	312	48.355	48.461		3,59	3,56
313	499	22.922	22.629		3,00	2,92
	500	26.981	25.939		4.72	4,45
501	624	27.300	27.159		5,50	5,38
625	749	18.911	19.006		4,46	4,41
750	874	17.449	17.687		4,83	4,86
875	999	7.310	7.403		2,35	2,32
1.000	1.124	12.871	13.088		4,64	4,66
1.125	1.249	6.763	6.596		2,82	2,71
1.250	1.374	3.768	3.766		1,72	1,67
1.375	1.499	3.328	3.454		1,65	1,66
1.500	1.624	7.038	7.147		3,80	3,77
1.625	1.749	1.611	1.666		0,93	0,97
1.750	1.874	3.270	3.365		2,05	2,07
1.875	2.499	9.284	9.475		6,89	6,89
2.500	3.749	11.168	11.348		11,38	11,52
3.750	7.499	9.261	9.442		16,19	16,51
7.500	12.499	2.955	2.900		9,53	9,24
12.500	24.999	1.142	1.168		6,48	6,49
et au-des.	25.000	288	303		3,67	3,94.

Comme il serait superflu en ce moment de vérifier ces chiffres dans leurs moindres détails, je ne les contrôlerai point, et je tiendrai ce recensement pour précis.

7.

Au surplus, ce qui serait vraiment intéressant, ce serait d'établir une comparaison
quelconque, directe ou indirecte, à propos
de la répartition de ces valeurs locatives.
Mais les essais que j'ai faits à ce sujet ne
me laissent aucun espoir de tirer profit pour
ce pays d'une étude comparative entre
elles.

Toutefois, à en juger à première vue, les
chiffres consignés plus haut ne me semblent
pas être en contradiction avec la position
des logements, tels qu'on les trouve indiqués
dans le « Dénombrement de 1881 », pages
100 et 101.

Il ne me reste donc plus qu'une chose à
faire : baser sur la situation locative, telle
qu'elle se présente à Paris, la répartition de
la valeur locative totale de la France. Je ne
crois pas que l'importance plus ou moins
grande, les caractères plus ou moins tran-

chés des diverses villes, soient capables de
modifier sensiblement le résultat général.

Me voilà donc obligé de disjoindre de ma
proposition, — et cela d'une façon concrète,
— les communes au dessous de 10,000 habitants.

Mais si, — pour des raisons bien pondé-
rées, telle que la pratique existante, etc., —
l'on voulait y comprendre les communes au-
dessous de 10,000 habitants, en descendant
peut-être jusqu'à celles de 5,000 habitants,
cela ne dérangerait pas mes calculs ; cela
les dérangerait d'autant moins que cette classification augmenterait le nombre des communes frappées par notre impôt, et en augmenterait le rendement.

D'après le « dénombrement de 1881 »
(pages 42-47), les 162 communes de France,
ayant plus de 10,000 habitants, forment une
population de 8,096,239 d'âmes. Restent donc

29 millions d'habitants en chiffres ronds,
soit les trois quarts de la population, qui seront atteints par mes mesures fiscales, en ce
qui concerne l'établissement d'une assiette
nouvelle (1) et minutieuse. C'est là un point
qu'il est nécessaire, à mon avis, de mettre
en lumière, et sur lequel il faut insister.

Je pense n'accorder à ces trois quarts de
la population qu'un tiers de la valeur locative totale de la France, laquelle, d'après les
calculs arrêtés plus haut, serait de 500 millions pour les trois quarts, et d'un milliard
pour l'autre quart, comprenant les communes au-dessus de 10,000 âmes.

Cela bien établi, le projet que je soutiens
se présente comme une mesure intéressant
éminemment les villes, et cela à bon droit :

(1) Il va de soi que le contribuable rural possédant
plusieurs logements sera traité sur le même pied que
celui de la ville.

car, non seulement les grands propriétaires
affluent depuis bien longtemps vers les
villes, et les provinciaux y viennent toucher
leurs revenus des capitaux mobiles, mais
c'est aussi vers ces centres que se jettent,
depuis longtemps également, les capitalistes
qui perçoivent des revenus semblables.
Voilà pourquoi la question de l'imposition
du revenu, et en particulier celle de l'imposition des revenus des capitaux mobiles,
doit naturellement et nécessairement conduire l'esprit vers les villes, c'est-à-dire vers
les endroits où ces capitaux se casent le
plus souvent.

Le résultat le plus important à tirer de
mon impôt est naturellement son rendement.
Comme il s'agit, dans l'espèce, d'un impôt
de répartition, il convient tout d'abord de
prendre en considération son montant de
prévision budgétaire.

En maintenant, d'un côté, les formes
existantes de la loi de la contribution mobilière (1), et, d'autre part, en admettant que
son rendement actuel, — d'ailleurs impossible à apprécier, — soit de 50 millions, il est
certain que mon projet dans lequel figurent
les rapports de présomption, rapporterait
au moins 100 millions, c'est-à-dire, le
double.

Mais en réfléchissant que le total relative-
ment-minime de la valeur locative qui sert
de base à cet impôt, sera nécessairement

(1) Je crois pouvoir me dispenser de traiter la définition du loyer au point de vue des détails administratifs, à savoir : s'il convient d'exclure de la valeur locative, ou d'y comprendre telle partie d'un logement,
ou telle autre, cette définition étant sans intérêt au
point de vue de mon étude. A cet égard, je ferai remarquer qu'il sera prudent de ne pas appliquer le
principe de la défalcation à l'infini ; car il arrivera
souvent que la valeur du loyer d'habitation sera réduite
dans ce cas à un chiffre dérisoire.

augmenté (*a*) par les résultats plus considérables obtenus dans les campagnes, (*b*) par
la latitude plus grande qu'aura la législation
fiscale de transformer les communes rurales
en villes, (*c*) enfin par la centralisation de
l'assiette des valeurs locatives ; en réfléchissant, dis-je, à ces diverses modifications, son
rendement fixé à 150 millions me semble
justifié.

Ce n'est qu'en voulant se rendre compte,
— le chiffre de 150 millions étant admis, —
de l'effet de mon impôt sur le total des revenus de la France, ou ce qui revient au
même, en essayant d'établir le taux de cet
impôt, que l'on en reconnaît l'insignifiance
à l'égard du total.

Ce calcul peut se faire de deux façons :
ou l'on prend les valeurs locatives reconnues, et l'on en suppute les revenus tels
qu'ils résultent des rapports de présomp-

tion, ou bien, on calcule le rapport existant entre le montant fixé du rendement de l'impôt et le total des revenus.

Avec la première opération, voici quels seront les résultats : il a été réservé plus haut 500 millions pour les valeurs locatives des campagnes, et, vu le grand éparpillement des revenus en province, je ne les avais portées qu'à un milliard ; tandis que pour les villes, les rapports de présomption que j'ai indiqués, les portent à 3 1/2 milliards environ.

Or, il serait utile de connaître le chiffre exact des revenus de la France, mais il n'existe pas, que je sache, de point de repère positif pour en faciliter le calcul. Quoiqu'il en soit, les 4 1/2 milliards que je suppose n'en constituent certainement qu'une faible fraction, puisqu'un relevé récent, émanant du ministère des finances (1), concer-

(1) Page 243 du Rapport de M. Ballue (n° 2659,

nant les revenus des fortunes immobilières,
et de quelques fortunes mobilières de la nation, fixe déjà celles-ci à la somme approximative de 7 milliards et demi. Ce chiffre
prouve bien à quel point les 150 millions
présumés de l'impôt à créer sont un rendement modeste par rapport au revenu total de
ce pays.

Mais, il y a plus, et l'on peut évaluer ce
dernier à 15 milliards environ par année,
— il existe des évaluations qui portent ce
chiffre jusqu'au double, — en s'appuyant sur
des rapports parlementaires, et sur maintes
autres indications précieuses, d'où il ressort
clairement qu'une perception de 150 millions
prélève à peine un pour cent sur ce revenu.

Aussi, en considérant que le taux d'im-

Annexe au procès-verbal de la séance du 23 février
1884, chambre des députés, concernant l'assiette de
l'impôt, etc.

pôts analogues monte assez souvent, à l'é-
tranger, à 5, 6 0/0, du revenu, et au-delà, je
ne crains pas de voir mes calculs réfutés par
des faits, pas plus que je ne redoute l'accusation de me bercer d'illusions, en affirmant
que mon impôt sera fructueux, et qu'avec le
temps, il rapportera annuellement, et sans
difficultés de beaux millions à l'État.

VI

LE NOUVEL IMPOT AU POINT DE VUE THÉO-RIQUE, PRATIQUE ET POLITIQUE.

Je ne puis terminer ce mémoire sans indiquer sommairement que la justice ou la théorie financière, les résultats administratifs ou la pratique financière, la politique, c'est-à-dire la politique relative aux finances, sont des guides qui doivent être consultés sans relâche par ceux qui se livrent à l'examen d'un impôt à créer.

Si j'ai commencé par la justice, c'est moins à cause de son intérêt théorique que par amour d'elle-même. Au surplus, il est certain qu'un impôt direct ne peut être préconisé avec passion, que s'il répond aux

principes de l'équité. Or, comme l'idée do-
minante de ce travail a été de ne jamais
séparer la justice de l'impôt proposé, je
n'ai qu'à m'en rapporter aux bons résultats qui ont déjà été constatés.

Mais les théoriciens de vieille roche ac-
cepteront-ils mon raisonnement à ce sujet?
Je ne le pense pas. En effet, ces théoriciens
— et, chose étrange! il y a parmi eux des
hommes politiques, — échafaudent leurs
théories sur certains axiomes abstraits,
dont ils tiennent surtout à ne pas s'écarter.
Qu'on leur parle des conditions particulières
dans lesquelles se meuvent les divers États,
des sentiments, des opinions ou des pen-
chants qui divisent les masses profondes
de la population, ils n'en ont cure. Pour
eux, le point essentiel, capital, c'est de traiter les questions de justice, de politique, de
finances, etc., d'après l'inflexible et sereine

logique qui découle si facilement de leurs axiomes, sans se préoccuper autrement des situations et des faits contradictoires.

Ainsi, pour ce qui est de la justice, ils ne se lassent jamais, — soit qu'ils la déclarent offensée par les mesures projetées, soit qu'ils n'accordent qu'à leurs seules idées le don de ne point la violer, — ils ne se lassent jamais, dis-je, de formuler les mêmes objections que je vais résumer.

D'abord, on prétendra que l'impôt progressif est indiqué dans mon projet. En admettant que ma proposition offre extérieurement le caractère d'une progression, n'est-il pas clair, pour tout homme compétent, que mon impôt n'a, ni ne vise un tel but? Car, il ne faut pas oublier que le loyer d'habitation agit dans l'assiette de l'impôt personnel suivant une progression inverse, c'est-à-dire une progression favorisant le riche au préjudice du pauvre. En conséquence, en préconisant la proportionnalité qui aurait pour résultat de faire payer à chacun selon ses moyens, c'est moins soutenir la thèse de la progression, que défendre les lois les plus élémentaires de l'équité.

Et comme, à propos de cet impôt, le législateur n'aura qu'à s'occuper de rétablir uniquement le principe de la proportionnalité, si longtemps violé, il y a lieu de rejeter ici jusqu'à l'idée même de la progression. Une fois pour toutes, ce projet n'a absolument rien de commun avec le « joujou démocratique » auquel on l'assimile.

Ensuite, pour opérer une diversion, d'autres essayeront de prouver combien la présomption est un procédé peu digne en vue du but poursuivi par l'imposition de la faculté.

Mais dès l'instant que les impôts personnels réels sont forcément soumis à la présomption, on voudra bien, au nom même de la justice, m'en accorder à moi aussi le libre exercice. En Angleterre, par exemple, la présomption est appliquée au sujet de l'impôt sur le revenu des fermiers ; en Saxe, au sujet de l'impôt général sur le revenu, chaque fois que les dépenses du contribuable dépassent son revenu. Dans ce cas, le fisc prend les dépenses pour base de l'impôt, c'est-à-dire; en d'autres termes, qu'il a recours à la présomption, comme cela se pratique d'ailleurs dans maints États, et dans des cas nombreux.

Ces citations sont suffisantes, je l'espère, pour réduire à néant ce second argument.

Reste enfin l'objection reprochant à ma proposition de n'être qu'un simulacre d'impôt sur le revenu.

Est-ce que, par hasard, j'ai jamais présenté mon projet sous la forme d'une panacée universelle? Non, car alors il serait tout différent de fond et de forme, et porterait, à coup sûr, les marques d'une inspiration puisée aux sources d'un sentimentalisme romanesque et des théories fantasmagoriques auxquels je reconnais n'avoir pas sacrifié.

Il repose exclusivement sur l'état des esprits en France; et, cette constatation dûment établie, il a pour objet d'obtenir, le plus promptement et le plus facilement possible, tout ce qu'il est raisonnable d'espérer dans de telles circonstances.

Car, je puis le confesser ici, j'ai fini par découvrir, après avoir consacré tant de veilles et d'application à l'étude de l'impôt sur le revenu, qu'il joue le rôle d'amorce envers les classes peu fortunées, en leur offrant un de ces présents carthaginois que leur ont si

souvent prodigués les axiomes théoriques.
Mais cette vérité n'est nulle part plus sensi-
ble que dans l'impôt personnel réel. Et cela
se conçoit! Les revenus, petits ou moyens,
ne peuvent se soustraire à la vigilance fiscale, tandis que les revenus plus élevés dis-
paraissent artificieusement sans laisser de
traces, et, par là, rendent leur taxation offi-
cielle dérisoire, sinon impossible.

Voilà ce qui en est de cet impôt si prôné,
et de la justice qui préside à sa répartition.

Aussi, tous ceux qui estiment que les amé-
liorations méritent mieux que le dédain, seront satisfaits d'un impôt qui a précisément
pour tendance avouée de faire de l'impôt
sur le revenu une réalité. Quant aux esprits
qui rejettent avec hauteur les transforma-
tions utiles et durables, ils professent évi-
demment la doctrine qui place leurs principes au-dessus de l'équité.

Il me reste maintenant à répondre à une objection économique qui, à mon avis, se renouvelle trop souvent. C'est que, contrairement à une opinion fort répandue, l'impôt personnel n'est, à aucun titre, une superposition, et que sa raison d'être n'exige nullement la suppression des impôts sur les objets. Pour moi, n'étant point du tout partisan quand même de l'impôt personnel, je suis en excellente situation pour découvrir la vérité, et pour l'exprimer avec impartialité.

Veut-on une preuve que cet impôt n'est pas une superposition ? J'ai déjà dit que les patentes étaient un impôt d'objets, parce que le législateur, en l'établissant, a voulu frapper un objet productif, et non la personne, et qu'il n'ignorait pas que le taux de la patente est une avance faite par le contribuable pour l'exploitation de son métier, comme beaucoup d'autres débours analogues. Mais si ce même patenté était imposé personnellement, il s'agirait d'une toute autre chose. Ce ne serait plus, en effet, une avance faite en vue de la production, mais bien un impôt fixé d'après le résultat net de cette production, ou, en d'autres termes, fixé suivant son revenu. Ce résultat pourrait être négatif, et alors la personne ne paierait pas d'impôt, ou affirmatif, et alors, elle le paierait ; tandis que la patente se paie toujours, quel que soit le résultat. En un mot, le revenu du contribuable est le produit du capital, des facultés intellectuelles et du hasard : c'est pourquoi il paie l'impôt, et que cet impôt ne doit pas être considéré comme faisant double emploi.

Que l'on me permette de citer, à cette occasion, deux exemples, tirés cette fois de la pratique.

Jusqu'en 1884, le Grand-Duché de Bade a joui d'un pur système d'imposition sur les

objets. Depuis l'année dernière, il y a été
ajouté un impôt personnel réel sur les revenus en général, aussi bien sur les propriétés
que sur les usines et les capitaux, etc.,
quoique toutes ces matières fussent déjà
frappées comme objets.

En Hesse, il y a eu, et il y a encore un
impôt personnel réel sur le revenu en général, à côté d'impôts sur quelques objets,
(impôts fonciers et patentes). Depuis 1883,
on a logiquement ajouté les capitaux aux
objets frappés, soit un impôt d'objets sur les
capitaux.

La même chose aura lieu en Prusse sous
peu de temps.

L'accusation que ma proposition fait un
double emploi ne peut provenir que de la confusion qui règne à propos des impôts qui
frappent les objets et ceux qui atteignent les
personnes. Et voilà d'où vient mon insistance

à établir la division des impôts directs en
impôts d'objets et en impôts personnels. Cette
division démontre que l'imposition d'un objet
productif n'est pas une superposition, lorsque l'on frappe personnellement les facultés
de son propriétaire. Il serait donc fatal pour
le progrès des impôts directs en France que
cette opinion ne fût pas détruite.

Mais la question du double emploi peut encore se traduire de cette façon : en établissant
cet impôt, il faudrait nécessairement opérer
des réductions aux impositions existantes.
Dans ce cas, l'impôt sur les valeurs mobilières, et l'impôt foncier sont les deux contributions qui bénéficieraient probablement
de cette diminution.

L'impôt sur les valeurs mobilières est à
mon impôt ce que l'imposition d'une personne juridique est à celle d'une personne
physique, dans l'impôt sur le revenu.

s.

Plutôt que de m'étendre sur ce point, je
préfère renvoyer les partisans de la réduction
à l'examen de ce fait : que la personne mo-
rale est soumise à l'impôt sur le revenu à
côté et en dehors de l'individu, question
largement traitée dans la littérature spéciale.
Au reste, cette théorie a été adoptée par
beaucoup d'États, et jusque par la législation
purement commerciale de Hambourg, qui l'a
mise en pratique dans ces derniers temps.

Tout le monde a encore présente à la mémoire l'attitude des sociétés anonymes lors
de l'établissement de cet impôt. Elles en
ont simplement pris le montant à leur
charge.

Ces faits démontrent que la réduction de
l'impôt sur les valeurs mobilières n'est nullement en jeu dans l'impôt que je propose.

En ce qui touche l'impôt foncier, il sem-
blerait que l'établissement du projet dont

il s'agit imposerait l'urgence d'une réduction, en raison du précédent de ce genre, qui a été posé en 1791. Il est bon cependant d'ajouter que cette réduction a été opérée à cause de la tendance prononcée de cet impôt, et aussi à cause des idées économiques absolument baroques qu'on se faisait alors de l'impôt foncier. L'Angleterre ayant, dès la fin du siècle dernier, décrété l'impôt foncier rachetable, — ce qui prouverait que ce n'est pas un impôt, — l'esprit de cette innovation s'est, depuis, très propagé sur le continent, — et en théorie, et en pratique.

L'idée de considérer l'impôt foncier comme un impôt qui a fait son temps, et par conséquent l'idée d'une déduction à ce sujet, n'a plus cours aujourd'hui.

Mais si l'on ajoutait qu'au sujet du passif des contribuables, ma proposition n'est pas, à proprement parler, un impôt personnel réel, je conviendrais de la justesse de l'observation, sans admettre cependant que l'on puisse déduire la moindre conséquence de ma concession ; car l'impôt que je préconise tient le milieu entre l'impôt personnel réel, et l'impôt sur les objets. Tel est bien son cachet, que je tiens essentiellement à lui conserver.

Je suis beaucoup plus autorisé à ne pas tenir compte du passif du contribuable, que ne le sont les divers États particuliers des États-Unis de l'Amérique ; à ne pas le porter en déduction dans leurs impôts sur le capital touchant la faculté réelle du contribuable.

Il semble évident que celui qui réclame des réductions d'impôt, en raison de son passif, doit, avant tout, déclarer son actif : or, les États-Unis n'exigent pas la déclaration du passif, — ce qui conviendrait beau-

coup aux gens grevés par ce passif, détail
dont les Américains, réputés pour leur
« smartness », ne se soucient pas du tout
dans leur législation fiscale, — mais bien la
déclaration de l'actif. Cependant, comme le
législateur, dans mon projet, n'aura ni à
frapper la faculté véritable du contribuable,
ni à chercher à déterminer la somme absolue du dit impôt, il n'aura pas non plus à se
préoccuper du bilan des imposés.

Je vais maintenant envisager mon projet
au point de vue de la pratique financière.

Il est d'un intérêt réel de se demander
« ce qu'il conviendrait de faire en matière
législative et administrative, pour aboutir au
résultat que je poursuis », et « ce qu'il conviendrait de faire pour établir les impôts
personnels réels. »

C'est un véritable sujet d'étonnement de
constater combien ma proposition modifie

peu le rouage fiscal en vigueur. En effet, il n'y aura qu'à étendre à tout le pays un usage déjà en pratique dans la plus grande partie de la population, et, pour cela, il suffira de consacrer cette coutume par un acte législatif.

Ainsi, pour résumer en deux mots la portée de mon projet, je puis la définir en ces termes : « Extension dans tout le pays des institutions qui existent déjà dans certaines de ses parties. » Rien n'est plus simple et ne prête moins à la polémique et au procès de tendance.

Reste maintenant à examiner à quel mécanisme il est utile de recourir pour la création de l'impôt personnel réel.

Voici, en effet, une matière imposable tout à fait ignorée qui va exiger l'introduction de procédés d'assiette non seulement inusités, mais encore exécrés d'avance.

Donc, il faut absolument découvrir un nouveau rouage administratif.

Certes, j'use d'un droit indiscutable, lorsque je qualifie d'inconnue cette nouvelle matière imposable, car, dans ce pays, on n'a jamais frappé un objet qu'avec l'intention formelle d'atteindre cet objet, et rien que lui, par le procédé de la constatation pure et simple. Au contraire, dans tout impôt personnel, la matière imposable ne peut être que le résultat de la combinaison de plusieurs procédés. Ainsi, l'objet frappé « revenu » n'apparaît réellement que lorsque le passif a été déduit de l'actif, et que la situation personnelle du contribuable a été prise en considération. Or, tous ces éléments qui forment en quelque sorte le « revenu », c'est-à-dire la matière à impôt, sont absolument étrangers au système fiscal en France. C'est pour cette raison que je rappelle ici que mon impôt se conforme tout à fait aux traditions de ce pays sur cette donnée.

Il règne en France un véritable sentiment de prévention et d'animosité au sujet des procédés nécessaires à l'établissement de l'assiette de l'impôt sur le revenu. Déjà, lorsqu'on discutait la déclaration, on s'est écrié : « Voilà toute la question », soit en bon français, la démonstration péremptoire de l'impossibilité de cet impôt. Il est donc peu probable, au moins avant une très lointaine époque, que l'on accepte des investigations autrement inquisitoriales que la déclaration, dont le but avéré serait de découvrir la vie privée, et néanmoins indispensables au bon fonctionnement de cet impôt.

Et même en supposant que l'on substitue à la déclaration la « taxation d'office », ce changement ne sera pas non plus de nature à dissiper les préventions du peuple français : car, ou bien le fonctionnaire obtiendra ainsi un pouvoir illimité, — ce qui ne peut convenir à l'esprit du peuple français, — ou bien, il arrivera, — ce qui arrive dans beaucoup d'autres pays, — que ce sera parmi les contribuables que se recruteront les fonctionnaires fiscaux. Cette substitution, dans ce dernier sens, aurait tout simplement pour effet de désarmer le fonctionnaire, en entravant ses moyens d'action, que le contribuable s'approprierait. Il y a donc là encore une pratique administrative inconnue en France.

Sous tous ces rapports, je crois devoir répéter que ma proposition n'implique ni vexation, ni intrusion quelconque dans le domaine domestique, ni modification dans les usages administratifs

Lorqu'on étudie la question de l'impôt sur le revenu, il est un fait qui se reproduit sous tous les régimes politiques, comme sous toutes les latitudes, c'est que cette forme de contribution a besoin de temps pour s'acclimater et s'enraciner.

La France, l'Angleterre et la Prusse offrent des preuves vivantes de ce phénomène.

Dans ces deux derniers États, il a fallu deux générations pour familiariser le contribuable avec cet impôt. Je sais bien qu'en Angleterre l'income-tax remonte à la fin du siècle dernier, mais cette imposition n'y a réellement été perçue régulièrement qu'à partir de 1842.

Il en a été de même en Prusse. En 1810, cet État introduisit tout d'un coup un impôt personnel réel, et dès 1812, il disparut aussi subitement qu'il était apparu. Ce n'est qu'en 1873, c'est-à-dire plus d'un demi-siècle après que le terrain eut été préparé, que la législation prussienne put créer une contribution correspondante à l'impôt personnel réel.

En France, à l'époque de la grande révolution, on tenta également d'établir un impôt personnel réel, mais il ne fut jamais complètement sanctionné par la pratique, et, après avoir végété pendant un laps de temps très court, il mourut, si bien qu'il ne fut même plus mentionné dans les législations ultérieures.

Ainsi, quiconque ne nourrit pas l'espoir de voir cet impôt suivre en France une marche différente de celle suivie dans les autres nations, ne peut croire que sa création immédiate confine dans ce pays aux limites de l'impossible.

Et maintenant, si l'on m'interroge sur ce que je pense au sujet de l'impôt personnel, et des moyens à proposer pour lui donner toute sa force, et lui faire rendre ce que l'on en espère, la réponse, d'après mon expérience, sera qu'il faut apporter une attention pleine et soutenue à ces deux points, savoir :

1° Des fonctionnaires relevant des finances, habiles et capables ;

2° Un public habitué à la pratique de ces sortes d'impôts, ou tout au moins ne faisant pas d'opposition à l'emploi des procédés d'investigation qu'ils nécessitent.

Lorsqu'on poursuit le succès d'un impôt personnel, il faut toujours le faire dépendre de fonctionnaires rompus au métier, animés de l'esprit de justice, dévoués, etc. Leur influence est immense, car, en telle matière, c'est bien le cas de dire : «Tant vaut le fonctionnaire, tant vaut la taxation. »

Certes, ce serait trop réclamer d'un fonc-

tionnaire, — et par là j'aborde le deuxième
point posé, — qu'il pût lui-même établir une
assiette juste ; il faut, pour qu'il y parvienne,
qu'il puisse user de moyens et de pouvoirs.
De moyens, comme source permanente d'une
action utile, de pouvoirs, en prévision de
leur emploi exceptionnel ; car il y a des populations à qui il faut pouvoir appliquer
certaines mesures appelées inquisition, ou
torture.

Mais, pour que ces deux procédés attei-
-gnent complètement leur but, il faut, — je
l'ai déjà expliqué en détail, — un public
rompu à cet impôt, et prêt à seconder effica-
cement le fonctionnaire, un public qui s'ac-
commode de visites domiciliaires, d'investigations, etc., comme cela se pratique, par
exemple, dans le Wurtemberg, où la déclaration fonctionne régulièrement depuis plus
de 250 années, avec recours, si besoin est, à

la visite domiciliaire, aux recherches dans les livres etc.

Et si j'insiste sur l'importance de ces faits, j'ai lieu de penser que l'on attribuera le mobile qui me guide à mon respect pour la vérité et l'impartialité, et non à une prévention personnelle contre l'impôt sur le revenu. Je puis l'avouer ici en toute sincérité, et sans fausse modestie, on ne rencontrera pas beaucoup d'hommes ayant embrassé l'étude de cet impôt avec un zèle scientifique plus enthousiaste, et y ayant consacré plus de temps et de persévérance.

Or, c'est précisément la connaissance profonde et intime de cette matière qui me fait repousser les vaines illusions dont certains esprits se bercent, en dépit des résultats insignifiants que les expériences de quelques grands États ont étalés au grand jour, et sur lesquels je me suis étendu au cours de ce travail.

Ainsi, en présence de tant de raisons justifiées et des circonstances présentes, il me
paraît d'une sagesse élémentaire de préférer
à l'impôt sur le revenu une contribution basée
sur un indice extérieur, et n'atteignant qu'une
certaine moyenne de revenus, à la condition naturellement de les préciser avec méthode et sans faiblesse. Il est certain que
l'impôt sur le revenu a pour objectif de frapper les revenus personnels réels, ce qui est
d'une équité incontestable ; mais comment
confectionner l'assiette au moyen de laquelle
on pourra atteindre sûrement des revenus
impalpables, invisibles et à peine distincts ?

Quant à savoir s'il s'agit de l'impôt général sur le revenu ou d'un impôt sur diverses
sources de revenus, cela importe vraiment
peu, attendu que la difficulté réside, dans
l'un comme l'autre cas, dans les revenus du
capital mobilier, et des professions libérales,

et qu'aucune des deux formes d'imposition n'est susceptible de la trancher.

Enfin, il me reste à confirmer une opinion que j'ai déjà émise, savoir, que l'impôt sur le revenu est, et sera toujours impuissant à alimenter, à lui seul, la source principale des recettes.

Mais, en soutenant ce point, je me vois dans l'obligation de citer encore quelques motifs favorables à mon projet, et par conséquent contraires à l'impôt sur le revenu.

En établissant ce dernier, l'on est forcément contraint à aborder et à résoudre les délicats problèmes de l'impôt sur les rentes de l'État, sur certaines professions, etc.; eh bien! ma proposition n'effleure même pas ces questions.

En outre, l'impôt sur le revenu étant une nouveauté, partant une chose soumise à tous les hasards et à tous les obstacles imprévus, peut avoir des suites funestes, irréparables même, au point de vue politique. Est-ce que l'impôt que je soumets peut faire naître l'hypothèse seulement d'une semblable appréhension?

Au moins équivalent à l'impôt sur le revenu, et comme importance, et comme certitude du rendement, mon projet lui est supérieur, parce que son exécution est plus facile ; parce qu'il repose sur des données authentiques, et non sur des aperçus vagues et hypothétiques ; parce qu'il échappe à la fraude, ce ver rongeur de l'impôt sur le revenu ; et parce qu'il nécessitera une répartition à la fois plus uniforme, et plus équitable des charges.

J'aurai maintenant successivement à examiner la sûreté du rendement, les frais de perception et l'élasticité de l'impôt.

Si la sûreté du rendement d'un impôt di-

rect se trouve dans la perceptibilité et dans
l'immutabilité, ou tout au moins dans la mu-
tabilité perceptible de la matière imposable,
soit dans la facilité de la frapper, je suis
fondé à croire que mon projet possède
toutes ces qualités, voire même qu'elles
sont inhérentes à son principe, puisqu'il repose sur un indice visible.

La valeur locative, cette clef de voûte de
l'assiette de ma proposition, ne prête pas à
la fraude ; de plus, comme base objective de
la présomption des i venus, elle fournit un
guide certain auquel on peut se fier, en
laissant de côté cette circonstance que, jusqu'à nouvel ordre, il s'agit ici d'un impôt de
répartition.

Un point qui n'est pas à dédaigner dans
la pratique, ce sont les pertes du rendement
causées par les frais de perception. Or, le
surcroît de dépenses que pourrait provo-

quer cet impôt aurait pour origine une augmentation nécessaire du personnel, et celle-ci serait inévitable, s'il s'agissait d'établir un mode d'assiette entièrement nouveau et compliqué, comme cela a lieu pour l'impôt sur le revenu.

Mais ce n'est point le cas ici, attendu que la population est familiarisée avec la formation d'une assiette que l'administration pratique depuis bientôt un siècle. Ce n'est donc point à l'égard du nombre des fonctionnaires que des besoins pourraient se faire sentir, mais plutôt dans leurs qualités; et pour qui connaît l'intelligence qui caractérise le fonctionnaire français, il n'y a pas de doute à avoir à ce sujet.

Conclusion : l'impôt proposé n'exigeant aucune innovation de perception fiscale, les frais n'en seront pas accrus.

Mais, ce qui est d'une haute portée, quant

à la pratique financière, c'est l'élasticité qui se manifestera, aujourd'hui dans la matière imposable, et demain dans le taux de l'impôt.

On sait qu'un des grands avantages de l'impôt sur le revenu consiste justement dans cette élasticité, de la matière imposable, en raison de l'accroissement naturel et continu du revenu.

Eh bien! est-ce que mon projet ne renferme pas également cet avantage?

Toutefois, afin de ne pas faire naître des espérances exagérées, je vais sur-le-champ montrer la source de la variabilité de la valeur locative. Ce dont il s'agit maintenant ici, c'est de savoir s'il existe un parallélisme entre l'augmentation de la valeur locative et celle du revenu.

D'après les faits exposés plus haut, la réponse est forcément affirmative. En effet, c'est un lieu commun de dire qu'il n'est pas de pays où les loyers soient plus en rapport avec le revenu qu'en France. Et cette concordance s'est accentuée à des époques pendant lesquelles, — il convient d'insister particulièrement sur ce fait, — le loyer est devenu de plus en plus une des bases de l'assiette de l'impôt direct.

Point n'est donc besoin de craindre l'absence de parallélisme entre le loyer et le revenu.

En ce qui concerne l'élasticité du taux de l'impôt, on peut se rassurer en se rappelant ce qui a été dit plus haut à ce sujet.

Non seulement il sera au moins le même, mais il peut encore arriver qu'il sera dépassé, car, si mon impôt ne comprend que le revenu moyen et non le revenu réel, cette moyenne permet aisément d'en élever le taux.

Ainsi, en adoptant ma proposition, la pratique financière serait enrichie d'un im-

pôt appelé forcément à produire des rende-
ments sûrs, et une amélioration notable du
système. des impôts existants, et dont les
progrès iraient sans cesse en croissant. Et
tous ces résultats seraient obtenus sans sus-
citer la moindre préoccupation économique,
sans provoquer de frais nouveaux, sans apporter la moindre révolution dans le système fiscal, et enfin, sans rencontrer le plus
petit inconvénient politique.

Si l'on accomplissait la besogne législative en s'inspirant toujours des principes de
justice, d'utilité ou de tout autre, vertu ana-
logue, je pourrais me dispenser de faire suivre l'exposé qui précède de toute réflexion.
Mais les lois n'étant le plus souvent que le
fruit de compromis, il est urgent d'examiner le côté politique de cet impôt, c'est-à-
dire sa possibilité au point de vue du Parlement.

Or, une considération de cette nature, que mon projet fait aussitôt ressortir, c'est que pour fixer son assiette, il a recours à un moyen extrêmement compréhensible pour le contribuable : le loyer.

Mais ce qui rehausse encore la valeur de ce procédé, c'est que les autorités scientifiques, dans le domaine fiscal, sont unanimes à en reconnaître la facilité d'application.

Voyons maintenant si le moment est propice à l'établissement de cet impôt. Plus que jamais, certes ; et le meilleur argument à invoquer en sa faveur, c'est la baisse des loyers, qui sévit aujourd'hui, et qui, selon toute prévision, se prolongera longtemps encore.

Donc, le gouvernement se trouve dans une excellente situation pour présenter et réaliser ce projet. Ce faisant, il évitera de soulever ces questions irritantes, impossi-

bles à écart er a ns la discussion de l'impôt
sur le revenu, et où chacun désigne, avec
passion ou amertume, tel ou tel objet, telle
ou telle catégorie de personnes à frapper.

D'autre part, il n'est pas douteux que les
tendances dont mon projet est l'expression,
ne rencontrent l'adhésion universelle de la
nation. Comment pourrait-il en être autrement? Il ménage les populations rurales, si
durement éprouvées depuis quelques années; aux populations urbaines, il tient
compte de la misère des petits et des difficultés qui assaillent l'existence de ceux qui
viennent immédiatement au-dessus; et, tout
cela, sans rien exiger d'excessif de la part
des classes aisées !

Positivement, il est inimaginable qu'une
opposition puisse trouver de l'écho ailleurs
que chez quelques richards, dont l'étroi-
tesse d'esprit égale l'imprudence ! Consé-

quemment, toute opposition tomberait d'elle-
même.

Enfin, pour ne rien laisser au hasard, je
veux encore envisager ici l'action de cet impôt. Celle-ci peut être mauvaise ou bonne ;
j'entends par là que mon imposition peut
s'exercer fâcheusement, ou telle que je la
présume, c'est-à-dire avantageusement.

Par impossible, supposons d'abord que
les effets ne répondent pas aux espérances
que l'élaboration de cette loi avait fait naître. Eh bien! où serait le mal irréparable?
Aurait-elle barré la route à d'autres réformes fiscales ? Au contraire, elle aurait plutôt
aplani la voie qui doit y conduire.

Car, si ces futures réformes s'accomplis-
sent par le développement d'un système
d'imposition sur tous les objets productifs,
ou par un impôt personnel réel, soit par une
contribution générale sur le revenu, soit

par une contribution atteignant spécialement les diverses sources de revenus, l'existence éventuelle de mon projet sera l'étape
nécessairement transitoire qui devra précé-
der leur triomphe final. Et voilà pourquoi,
dès le début, j'ai pu avancer sincèrement
que cette proposition est un terrain où les
partisans de tous les systèmes d'impôts directs pourraient se rencontrer et se tendre
la main.

Je dois cependant déclarer que je ne considère nullement mon impôt comme une
mesure transitoire, car, s'il ne réussissait
pas, il est manifeste que l'impôt personnel
réel aboutirait à un échec bien plus certain.

Je crois donc fermement qu'il réunit
toutes les conditions voulues pour être,
dans un temps très rapproché, traduit en
une loi qui aura longue vie et fournira la
moisson espérée.

Quoiqu'il en soit, et, dans le cas même où mes propositions ne seraient pas agréées, j'aurai du moins la satisfaction d'avoir exposé au jour des faits et des aperçus d'une telle importance pratique, que les législateurs n'auront plus le droit de les ignorer à l'avenir.

Que des esprits ouverts et sagaces, illustres déjà à bien des titres divers, consentent à les recueillir et à les analyser, et tout aussitôt on verra ces germes se développer et insuffler la vie à un nouvel et vigoureux organisme fiscal.

Un mot encore : Il est démontré que de même qu'un État ne saurait maintenir son prestige et exercer une action efficace sans poursuivre un idéal, de même une grande mesure fiscale ne saurait être inspirée par l'unique et aride calcul de l'algèbre politique et financière. Aussi ne m'en suis-je pas exclusivement rapporté à des considérations de ce genre.

Loin de là, et la preuve en est que j'accorderai au gouvernement décidé à préconiser cet impôt, le mérite de se laisser guider par la politique la plus nette et la plus franche, les principes éthiques les plus purs, en même temps que l'honneur d'oser rompre en visière avec des formules surannées, et, en défendant l'intérêt de tous contre les intérêts de quelques-uns, de se proclamer le champion de la justice.

Certes, oui, c'est abandonner l'ornière et contribuer aux progrès et à la diffusion d'idées nouvelles, mais légitimes, que de ne plus se renfermer, comme on l'a fait jusqu'ici, dans la doctrine affirmant qu'il ne sied pas à la majesté financière de l'État, de chercher et d'appliquer les procédés de taxation les plus judicieux. Les notions du droit contemporain ne s'opposent-elles pas à ce que le contribuable, qui peut bénéficier de toutes les institutions entretenues par l'État, émette des prétentions à une sorte d'extérioralité, dès que ce même État lui demande l'outillage nécessaire pour subsister, à l'aide des moyens les plus équitables?

Et, bien que le présent travail respire, pour ainsi dire, ces idées modernes, je dois néanmoins faire remarquer qu'il n'aurait pas été possible de frayer une voie au progrès, et, en même temps, de respecter les us et coutumes d'un peuple, à un plus haut degré que je ne l'ai fait en soumettant mon projet d'impôt.

En agissant d'après ces vues, le gouvernement jettera les semences d'une œuvre qui aura pour résultat de le tenir sans cesse et complètement au courant de la mesure dans laquelle il lui sera loisible, à un moment donné, d'étendre le développement des moyens propres à mieux établir l'assiette.

J'ai dit que le bien public sera sauvegardé, grâce aux nombreuses tendances sociales que contient mon projet, de même que l'intérêt de tous contre l'intérêt privé, et réciproquement.

En un mot, l'administration fiscale sera la gardienne du bien public et de l'intérêt de tous.

J'ai dit encore que le gouvernement deviendra le champion de la justice, et cela est vrai : Car, au lieu de pressurer la nation, il visera seulement à établir une répartition équitable de l'impôt par l'application de la justice distributive.

En résumé, ma proposition peut se définir en ces termes : « Point de transformation radicale des impôts existants, mais amélioration en rapport avec les concep-

tions de la science moderne, » et « Proportionnalité réelle, ayant pour effets certains
un rendement plus considérable ».

Ainsi, le gouvernement qui la soutien-
dra, montrera que, s'inspirant des vues les
plus justes et les plus hautes, il a la ferme
volonté de donner un corps aux sublimes
aspirations démocratiques de la grande Révolution.

J'ai fini.

Des connaissances acquises, une grande
expérience et une profonde conviction
m'ont incité à ne pas reculer devant la
tâche que je me suis tracée.

Mais souvent, — il faut que j'en fasse l'a-
veu, — ces considérations n'auraient pas
suffi à couvrir ma responsabilité vis-à-vis
de moi-même, si je n'avais été encouragé
dans cette voie par deux raisons :

La foi, d'abord, dans l'esprit chevaleresque et la bienveillante indulgence d'une grande nation ; le sentiment, ensuite, d'avoir défendu de mon mieux une cause juste et grande, si grande, à mon avis, que je ne crains pas d'en caractériser la portée par le mot célèbre, et que je retourne :

« Faites-moi de bonnes finances et je vous ferai de la bonne politique. »

ANNEXE

N° 1575

CHAMBRE DES DÉPUTÉS

Quatrième Législature

Session de 1887

ANNEXE AU PROCÈS-VERBAL DE LA SÉANCE
DU 26 FÉVRIER 1887

PROJET DE LOI

RELATIF À LA

réforme de la contribution personnelle mobilière

PRÉSENTÉ AU NOM DE M. JULES GRÉVY
Président de la République Française

PAR M. DAUPHIN
Ministre des Finances

10

PROJET DE LOI

Le Président de la République française
Décrète :

Le projet de loi dont la teneur suit sera présenté à la Chambre des Députés par le Ministre des Finances qui est chargé d'en exposer les motifs et d'en soutenir la discussion.

TITRE PREMIER

Séparation de la taxe personnelle et de la contribution mobilière.

Article premier.

A partir du 1er janvier 1888, la taxe personnelle sera séparée de la contribution mobilière. L'une et l'autre seront établies distinctement par voie de quotité. Elles continueront d'être assises et perçues comme les autres contributions directes Continueront également de leur être applicables les dispositions relatives à la présentation, à l'instruction et au jugement des réclamations en matière de contributions directes.

TITRE II

De la taxe personnelle.

Art. 2.

La taxe personnelle est dûe par chaque habitant français ou étranger, de l'un ou de l'autre sexe, jouissant de ses droits et non réputé indigent.

Sont considérés comme jouissant de leurs droits, les veuves et les femmes séparées de leurs maris ou divorcées et non remariées, les garçons et les filles majeurs ou

mineurs ayant des moyens suffisants d'existence, soit par leur fortune personnelle, soit
par la profession qu'ils exercent, alors même
qu'ils habitent avec leur père, mère, tuteur
ou curateur.

Art. 3.

La taxe personnelle est due seulement
dans la commune où les contribuables ont
leur domicile réel à l'époque du 1er janvier
sauf les dispositions de l'article 28 ci-après.

Art. 4.

Les officiers sans troupe, les officiers de
gendarmerie ou de recrutement, les employés de la guerre ou de la marine dans
les garnisons et dans les ports sont imposables à la taxe personnelle comme les autres
habitants de la commune.

Art. 5.

La taxe personnelle est fixée conformément au tarif ci-après :

10.

Dans les communes d'une population de
2.000 âmes et au-desous. . . . . . 1 fr. 25

Dans celles de :

2.001 à   5.000 âmes . . . . . . 2 fr.   »
5.001 à   10.000   —   . . . . . . 2 fr. 50
10.001 à   20.000   —   . . . . . . 3 fr.   »
20.001 à   30.000   —   . . . . . . 3 fr. 50
30.001 à   50.000   —   . . . . . . 3 fr. 75
50.001 à 100.000   —   . . . . . . 4 fr.   »

Dans celles de plus de :

100.000 âmes autres que Paris. . 4 fr. 25
A Paris. . . . . 4 fr. 50

Art. 6.

La taxe personnelle ne supporte aucun
centime additionnel, sauf cinq centimes
par franc pour fonds de dégrèvements et
non-valeurs. En cas d'insuffisance de ce
fonds, le déficit est prélevé sur le principal
de l'impôt.

Art. 7.

L'état des imposables sera dressé par le

contrôleur des contributions directes assisté des répartiteurs. Le contrôleur le revise-
ra annuellement avec le concours des répartiteurs.

TITRE III

De la contribution mobilière.

· Art. 8.

La contribution mobilière a pour objet
d'atteindre les facultés présumées d'après la
valeur locative de l'habitation personnelle.
Elle est réglée en raison du produit obtenu
par l'application à ladite valeur locative des
coefficients fixés par l'article 14 de la présente loi, ce produit constituant le revenu
imposable.

Art. 9.

La contribution mobilière est due à raison
de toute habitation meublée sise soit dans

la commune du domicile réel, soit dans
toute autre commune, alors même que le
logement serait concédé à titre gratuit.

Art. 10.

En ce qui concerne les individus logés en
garni, on ne tient compte que de la valeur
locative de leur habitation personnelle éva-
luée comme logement non meublé.

Art. 11.

La valeur locative est déterminée conformément aux prescriptions du troisième paragraphe de l'article 12 de la loi du 15 juillet
1880 sur les patentes.

Art. 12.

Les fonctionnaires, les ecclésiastiques et
les employés civils ou militaires logés gra-
tuitement dans des bâtiments appartenant
à l'État, aux départements, aux communes

ou aux hospices doivent la contribution mobilière en raison du revenu imposable correspondant à la valeur locative des parties de ces bâtiments affectées à leur habitation personnelle.

Art. 13.

Les officiers sans troupe, les officiers de gendarmerie ou de recrutement, les employés de la guerre ou de la marine dans les garnisons ou dans les ports sont imposables comme les autres habitants.

Les officiers avec troupe, ayant des habitations particulières, soit pour eux, soit pour leur famille, sont passibles de la contribution mobilière. Pour régler leur imposition, on estimera la valeur locative des logements que l'État attribuerait aux officiers, eu égard à leur grade, s'il possédait les bâtiments nécessaires dans les localités de leur résidence ;

COEFFICIENTS applicables aux valeurs locatives.	VALEURS LOCATIVES AUXQUELLES LES COÉFFICIENT APPLIQUÉS SELON L			
	PARIS — Valeurs locativ.	Au-dessus de 100.000 âmes, autres que Paris — Valeurs locativ.	De 50.001 à 100.000 âmes. — Valeurs locativ.	De 0.001 à 50.000 âmes. — Valeurs locativ
	Fr.	Fr.	Fr.	Fr.
10	15.001 et au-des.	12.001 et au-des.	11.001 et au-des.	10.001 et au-de
9	12.001 à 15.000	10.001 à 12.000	9.001 à 11.000	8.001 à 10.00
8	10.001 à 12.000	8.001 à 10.000	7.001 à 9.000	6.001 à 8.00
7	8.001 à 10.000	6.001 à 8.000	5.001 à 7.000	4.001 à 6.00
6	5.001 à 5.000	3.501 à 6.000	3.001 à 5.000	2.501 à 4.00
5	2.001 à 5.000	1.501 à 3.500	1.201 à 3.000	1.001 à 2.50
4	500 à 2.000	400 à 1.500	300 à 1.200	250 à 1.00

MOBILIÈRE

MUNES

De 20.001 à 30.000 âmes.	De 10.001 à 20.000 âmes	De 5.001 à 10.000 âmes.	De 2.001 à 5.000 âmes.	De 2.000 âmes et au-dessous.
Valeurs locat.	Valeurs locat.	Valeurs locat.	Valeurs locat.	Valeurs locat.
Fr.	Fr.	Fr.	Fr.	Fr.
8.501 et au-d.	7.501 et au-d.	5.001 et au-d.	4.001 et au-d.	3.001 et au-d.
7.001 à 8.500	6.001 à 7.500	4.501 à 5.000	3.001 à 4.000	2.001 à 3.000
5.501 à 7.000	4.501 à 6.000	3.501 à 4.500	2.001 à 3.000	1.001 à 2.000
3.501 à 5.500	3.001 à 4.500	2.001 à 3.500	1.001 à 2.000	701 » 1.000
2.001 à 3.500	1.501 à 3.000	1.001 à 2.000	551 à 1.000	451 à 700
801 à 2.000	601 à 1.500	451 à 1.000	301 à 550	201 à 450
200 à 800	150 à 600	100 à 450	50 à 300	25 à 200

on la retranchera de la valeur locative de
leur habitation et l'on déterminera le revenu
imposable en appliquant au reste le coefficient qui lui correspondra d'après le tableau
figurant à l'article 14 ci-après.

Art. 14.

Le revenu imposable est conclu de la valeur locative de l'habitation des redevables
par l'application de coefficients gradués en
raison de la population des communes et du
chiffre des valeurs locatives, conformément
au tableau ci-après :

Art. 15.

Lorsqu'un contribuable possèdera dans
une même commune plus d'une habitation
meublée, on additionnera les valeurs locatives de ses différentes habitations meublées
sises dans la commune et, pour la détermination de son revenu imposable, on appli-

quera au total le coefficient correspondant d'après le tableau qui précède.

Art. 16.

Ne donnent pas lieu à imposition de la contribution mobilière savoir :

Les habitations ou logements d'une valeur locative de moins de :

500 francs à Paris.

400 francs dans les communes de plus de 100,000 âmes autres que Paris.

300 francs dans les communes de 50,001 à 100,000 âmes.

250 francs dans les communes de 30,001 à 50,000 âmes.

200 francs dans les communes de 20,001 à 30,000 âmes.

150 francs dans les communes de 10,001 à 20,000 âmes.

100 francs dans les communes de 5,001 à 10,000 âmes.

50 francs dans les communes de 2,001 à 5,000 âmes.

25 francs dans les communes de 2,000 âmes et au-dessus.

Art. 17.

Les exemptions spécifiées à l'article précédent ne sont pas applicables :

1° Aux personnes ayant un simple pied-à-terre dans la commune ;

2° Aux propriétaires de maisons logés ou non dans leurs immeubles et dont l'indigence n'aura pas été reconnue ;

3° Aux patentés pour lesquels le loyer d'habitation, réuni au loyer industriel ou commercial, sera inférieur au minimum des valeurs locatives comportant l'imposition de la contribution mobilière dans la commune, aux termes de l'article 14 de la présente loi.

Le revenu imposable des individus compris dans ces trois catégories sera déterminé au moyen de l'application du coefficient 4 à la valeur locative de leur habitation personnelle.

Art. 18.

Lorsque plusieurs personnes habiteront ensemble, de manière à ne former qu'une seule famille ou un seul ménage, le revenu imposable sera calculé d'après le coefficient correspondant à la valeur locative de l'ensemble de l'habitation commune; et la contribution sera inscrite au nom du chef de la famille ou du ménage.

Cette règle est applicable aux cercles, sociétés, associations ou communautés religieuses et autres : la contribution est imposable au nom des cercles, sociétés, associa-

tions, communautés, etc., représentés par
leurs présidents, gérants, directeurs, chefs
ou supérieurs.

Art. 19.

Les valeurs locatives destinées à servir de
base au calcul du revenu imposable seront
fixées par le contrôleur des contributions directes, assisté des répartiteurs.

Elles seront revisées annuellement par
le contrôleur de concert avec les répartiteurs.

Art. 20.

La loi relative aux contributions directes
de chaque exercice fixera le taux de la contribution mobilière en principal, par rapport
au revenu imposable.

Art. 21.

- La contribution mobilière est passible des

centimes additionnels généraux, départementaux et communaux.

. Pour le calcul du produit total des centimes départementaux et communaux à imposer dans les rôles de chaque année, on
prendra pour base, en ce qui concerne la
contribution personnelle mobilière le montant, en principal, de la contribution personnelle mobilière inscrite aux rôles de
1887. La part du produit total afférente à
ce dernier principal sera répartie entre les
contribuables en raison du principal de leurs
cotisations individuelles telles qu'elles auront été réglées en vertu de la présente loi.

Il sera ainsi procédé jusqu'à ce qu'il en
soit autrement ordonné par une disposition
spéciale.

Art. 22.

Il est ajouté au principal de la contribution mobilière, ainsi qu'au montant des cen-

times additionnels départementaux et communaux ordinaires et extraordinaires afférents à cette contribution, cinq centimes par franc pour fonds de dégrèvements et non-valeurs.

En cas d'insuffisance de ce fonds, le déficit est prélevé sur le principal de l'impôt.

Art. 23.

Il sera perçu, par addition au principal de la contribution mobilière, un centime, dont le produit sera affecté aux secours généraux et réparti entre les départements, dans les cas de grêle, d'incendie, d'inondation ou autres cas fortuits.

TITRE IV

Dispositions communes à la taxe personnelle et à la contribution mobilière.

Art. 24.

En cas de dissentiment entre le service des contributions directes et les répartiteurs, les contestations seront soumises au préfet par le directeur. Si le préfet n'adoptait pas les propositions du directeur, il en serait référé au Ministre des Finances, qui statuerait, sans préjudice du droit des contribuables intéressés à se pourvoir dans les formes et délais spécifiés en matière de réclamations sur contributions directes.

Art. 25.

La taxe personnelle et la contribution mobilière sont dues pour l'année entière à rai-

son des faits existants au 1er janvier. Lorsqu'un contribuable viendra à décéder dans le
courant de l'année, ses héritiers seront tenus
d'acquitter la taxe personnelle et la contribution mobilière inscrites à son nom pour
l'année du décès.

Art. 26.

En cas de déménagement hors du ressort
de la perception comme en cas de vente vo-
lontaire ou forcée, la taxe personnelle et la
contribution mobilière seront exigibles pour
la totalité de l'année courante.

Les propriétaires et, à leur place, les principaux locataires devront, un mois avant l'é-
poque du déménagement de leurs locataires
se faire représenter par ces derniers les quittances de leur taxe personnelle et de leur
contribution mobilière. Lorsque les locataires ne représenteront pas ces quittances, les

propriétaires ou principaux locataires seront
tenus sous leur responsabilité personnelle
de donner, dans les trois jours, avis du déménagement au percepteur.

Art. 27.

Dans le cas de déménagement furtif, les
propriétaires et les principaux locataires de-
viendront responsables des termes échus de
la taxe personnelle et de la contribution mobilière dues par leurs locataires, s'ils n'ont
pas fait constater, dans les trois jours, ce déménagement par le maire, le juge de paix ou
le commissaire de police.

Dans tous les cas, et nonobstant toute déclaration de leur part, les propriétaires ou
principaux locataires demeureront responsables de la taxe personnelle et de la contribution mobilière des personnes logées par
eux en garni.

Art. 28.

Lorsque par suite de changement de résidence, un individu se trouvera imposé à la taxe personnelle ou à la contribution mobilière dans une commune qu'il aura cessé d'habiter depuis une époque antérieure au 1er janvier, sans être assujetti aux impôts dans sa nouvelle résidence, il devra payer les cotisations inscrites sous son nom dans la commune qu'il aura quittée. Il aura toutefois la faculté de faire réduire ces cotisations aux chiffres que comportera sa situation contributive dans la commune où il résidera à l'époque du 1er janvier. Il devra présenter au Conseil de préfecture du département où sera située la commune qu'il aura quittée, une réclamation qui sera produite dans les formes et les délais fixés pour les demandés en décharge de contributions directes.

Art. 29.

Tout contribuable qui n'aura pas été assujetti à la taxe personnelle ou à la contribution mobilière dans la commune qu'il habitera au 1er janvier pourra réclamer son inscription au rôle de cette commune dans les trois mois de la publication dudit rôle. Sa réclamation sera instruite et jugée dans les formes prescrites pour les demandes en décharge en matière de contributions directes.

Art. 30.

Les Conseils municipaux pourront autoriser soit isolément, soit cumulativement, le prélèvement sur les ressources communales:
1° de tout ou partie des taxes personnelles;
2° de tout ou partie dé la contribution mobilière due par les contribuables dont les habitations correspondent aux deux dernières

des catégories de revenus imposables reconnues par le tableau annexé à l'article 14 de la présente loi.

Art. 31.

Sont abrogés :

L'article 29 de la loi du 31 juillet 1821 en ce qui touche la contribution personnelle-mobilière ;

Les articles 8, 9, 10, 11, 12, 13, 14, 15, 16, 17, 18, 19, 20, 21, 22 et 23 de la loi du 21 avril 1832 ;

Le 2e paragraphe de l'article 28 de la loi du 21 avril 1832, en ce qui touche la contribution personnelle-mobilière ;

L'article 2 de la loi du 4 août 1844 ;

L'article 5 de la loi du 3 juillet 1846 ;

L'article 11 de la loi du 4 septembre 1871 ; en ce qui touche la contribution personnelle-mobilière ;

Et, en outre, toutes dispositions contraires à la présente loi.

Fait à Paris, le 26 février 1887.

Le Président de la République française,

Signé: Jules GRÉVY.

Par le Président de la République,

Le Ministre des Finances,

Signé: A. DAUPHIN.

TABLE DES MATIÈRES.

Laval. — Imp. E. JAMIN, rue de la Paix, 41.